東大医学部在学中に
司法試験も一発合格した
僕のやっている

シンプルな勉強法

河野玄斗

KADOKAWA

はじめに

効率を突き詰めた、
誰でもすぐに使える勉強法

みなさん初めまして。河野玄斗と申します。

僕は2018年現在、東京大学の医学部に在学している5年生です。また、4年生のときには司法試験にも一発合格しました。そのこともあって、ありがたいことにテレビや雑誌などに登場させていただく機会が増えてきました。本当にありがとうございます。

そして、みなさんの目にとまる機会が増えるにつれ、こんな質問をいただくことも多くなりました。

「河野さんはいったい、どうやって勉強しているんですか？」

メディアでは「天才」「神脳」などと紹介していただくことがあるため、多くの方は僕に対して、「一瞬で記憶できる能力がある」「とにかくずっと勉強している」「頭のつくりが違う」などと思われるようです。

ただ、はじめにお伝えしておくと、**僕にはみなさんが想像するような、常人離れした記憶力や特殊能力はありません。ただひたすらに、勉強の仕方がうまいのです。**

メジャーリーグで活躍するイチロー選手は、かつてこのよう

• はじめに • 　　1

におっしゃったことがあります。

**「僕は天才ではありません。なぜかというと自分が、どうして
ヒットを打てるかを説明できるからです」**

　イチロー選手と自分が同じなどということは、あまりにも恐
縮なのでもちろん言いません。しかし、僕の今までの「勉強に
おける成功」は、すべて自分が持つ「勉強の方法論」に従った結
果にすぎません。そういう意味で僕は天才ではなく、だからこ
そ、そんな僕の勉強法は、**「誰にでもすぐに使えて超強力な勉強
法」**です。

　みなさんも本書の方法論に従って適切に努力すれば、「勉強
における成功」を収められるのではないか、と思っています。

　当たり前ですが、みなさんが「天才」と尊敬している方々も、
九九を言えなかった時期や、論理的に物事を説明できなかった
時期があります。どんな人でも、勉強や日常のあらゆることを
通して、一から学んできたのです。

　しかし、同じように学んでいても、実力に差が生まれてしま
うのはなぜでしょうか。

　その鍵は、**勉強の要領のよさ**にあります。

「勉強しているように見えないあいつが、どうしてあんなに成
績がいいんだ？」と思った経験のある方も多いことでしょう。
これは、その人がシンプルに要領がよく、勉強の仕方が非常に
うまいというだけです。みなさんも**効率を突き詰めて勉強すれ
ば、そのように思われる側になれる**はずです。

2

勉強こそコスパ最強の遊びである

　この本を手に取ってくださった方は、勉強について、大なり小なり、苦手意識を持っているかもしれません。

　ただ、同時に**「勉強ほど、味方につけたら強いものはない」**とも、心のどこかで思っているのではないでしょうか。

　僕は以前にTwitterで、

「1000 時間勉強して将来の年収が 100 万円上がる場合、勉強の時給は 100 万円× 40 年÷ 1000 時間＝時給 4 万円になるよ。なんでみんなそんなに勉強しないの？」

　と、発言したことがありました。

　これは極論ですが、それでも、多くの方が思わず賛同してくださったように思います。しかもお金に限らず（僕がこれから随所で述べるように）、勉強で身についた考え方、論理的思考力などはすべての事柄に通じる一生の宝物になります。

　すなわち、勉強は**「努力の方向さえ間違わなければ」**、かけた時間を裏切らない、**「コストパフォーマンス最強の遊び」**なのです。勉強はリターンが大きい娯楽なのであって、勉強できる環境にあるというのは贅沢なことなのです。

　そう、**僕は勉強が大好きです**。漫画が好き、音楽が好き、野

● はじめに ●　　　3

球が好きな人たちがそれぞれいるように、僕は一種の勉強オタクといってもいいかもしれません。

とはいえ、世の中には、「勉強が嫌い」「自分はできない」と思っている方がたくさんいると思います。そういった方々の話を聞くと、大抵の場合は**「勉強のやり方が間違っているだけ」**なのに、**「自分は頭が悪い」**と思って、**勉強を嫌いになっている**のです。努力する姿はとても美しいのに、努力に見合った成果を得られていない方を見ると、とても歯がゆく思いますし、負の連鎖を断ち切ってほしいと感じます。

この本を書くに至ったのも、みなさんと勉強の楽しさを共有したいという思いが大きいです。自分の好きなものを語って、相手に「それいいね！」と共感してもらえたときの胸の高まりは、どなたにも理解していただけるかと思います。僕の好きな「勉強」を、楽しいと共感してくれる方が増えることを願って本書の執筆を決めました。

食わず嫌いだったものを、ひょんなきっかけで好きになることがあるように、「勉強もちょっとしたシフトチェンジで好きになることがあり得る」と思いながら、**「勉強を好き過ぎる河野玄斗の話を少しだけ聞いてやろう」**という、気軽な気持ちで本書を読んでいただければ、と思います。

「学問に王道はない」

ここで、1つだけ厳しいことを書いておきたいと思います。本書を徐々に読み進めていくうちに、「結構前から思っていた内容と同じだぞ？」と思う方がいるかもしれません（なお、執筆の際には、そうならないように努力しました）。

勘のいい読者の方はもうお気づきかと思いますが、こういった、いわゆる学習指南本で学べることは、あくまで勉強するための「手段」であり、「勉強の補助」に過ぎません。**この本を読んでから、すぐに正しい方法で勉強を始められるかどうかが肝心です。**
攻略本を何周読んでも、ゲームをプレイしなければストーリーは進まないのと一緒で、もしも本書に書いてあることが「当たり前のことしか言っていないじゃないか」と感じたのなら、しっかりそれを実践できているかを、思い返してみてください。

学問に王道はありません。勉強法に奇を衒った内容を期待するのではなく、逆に、当たり前だと感じるくらい正しい勉強法が身に沁みついているのだったら、その方法に自信を持って、すぐにでも勉強を再開してほしいと思います。
「選択問題において、文字数が一番長い選択肢は誤りであることが多い」のような、迷信に限りなく近い小手先のテクニックに走りたい人は、自己責任でそういう本を読んでもらいたいと思います。

• はじめに •   5

勉強から学べることは、勉強以外でも応用できる

　執筆にあたっては、本書がみなさんの**「勉強法大全」**となるよう、**勉強に必要なすべてを網羅的に、かつ、詳しく記した**つもりです。その際、TwitterやInstagramのDM（ダイレクトメッセージ）等でいただいた質問も大いに参考にして、みなさんの悩みが多かった内容については特に厚く扱いました。

　この本に沿って、しっかり時間をかけて勉強してもらえれば**必ず勉強ができるようになりますし、また、勉強を楽しいものであると認識してもらえる**はずです。

　そして、執筆にあたってそれ以上に意識したことがあります。それは、**「勉強を通して得た力は、勉強以外のすべてに生きてくる」**という勉強の本質を、しっかり理解してもらえるような内容にしたことです。

　たとえばこの本では、**「逆算勉強法」**という強力な勉強方法について触れています。

　具体的な方法はのちほどじっくりご紹介しますが、要約すると、**「ゴールから逆算して、試験（合格）までにやるべきことを棚卸しし、スケジュールに落とし込み、超効率的にタスクをこなしていく」勉強法**です。

　全体像が見えないまま何かに取り組んだり、地図もないのに歩き出したり、敵の能力を知らないまま戦闘に臨んだりするのではなく、まずやるべきことを「見える化」してから戦場に出る

という方法です。

　莫大な資金や特殊な環境は必要ないし、瞬間記憶能力や超人的な集中力もいりません。

　この逆算思考は、勉強以外のあらゆる分野にも応用できます。たとえば、家の片づけや友人とのいざこざといった身近なことから、仕事のタスク処理やプロジェクトの進行など——**日々直面する、様々な問題や課題にも応用できる普遍的な考え方を落とし込んだ方法だからこそ、強い勉強法**だと僕は思います。そして何を隠そう、この思考法は、数学の学習を通して磨いていくことができます。

「なんのために○○の勉強をするの？」ということがわからないまま勉強を放棄してしまうのは、あまりにもったいないことです。

　この本を読めば、ほぼ確実に勉強の意義が見えてきます。その意義をすべて理解したうえで、「勉強しない」という選択をするのであれば、それはその方の選択であり、生き方です。ただ、後悔しない選択をするためにも、せめて勉強の意義だけは知っておいてほしいと思っています。

　また、もしかすると、みなさんのなかには学生のお子さんを持つ親御さんもいらっしゃるかもしれません。この本をお読みになってくださった方は、ぜひ「勉強の意義」をお子さんに伝えていただきたいと思います。

人生の最大幸福化に役立ててほしい

　一生は短く、僕たちの時間は有限です。その**有限の時間をどのように効率的に分配し、人生の最大幸福化を目指していくか**。僕はいつもこんなことを考えています。

　本書では、**「勉強から何が得られるか」**をお伝えするとともに、それらを得るために、**「どのように勉強するのか」**ということについても、ガッツリと扱っています。
　そして特に、**誰にでも今日から取り入れてもらえる、再現性の高い勉強法をとにかく盛り込むことに注力**しました。

　「どのようにして無駄のない計画をし、合格点まで最短でたどりつくか」という学習設計や、「時間の密度を高めるために、いかにして効率的に勉強するのか」といった時間管理術。そして、「各教科・各単元においてどんな手法で知識を身につけるか」といった具体的な方法など、**勉強法のすべてを紹介**していきます。

　勉強のやり方がわからない中学生や、受験勉強の参考にしたい高校生の方。また、大学生や社会人の方には、司法試験やその他の資格試験をはじめとした勉強の参考にもしていただけるように留意しました。
　そして、お子さんになんとか勉強してもらいたい親御さんにとっても、必ずやタメになるであろう内容を、ふんだんに盛り

込みました。

　勉強——特に受験勉強などは、とらえ方によっては、一種の「仕事」でもあります。「ノルマ（目標）が与えられたとき、それをいかに達成するのか」という点で、勉強と仕事は共通点が多いのです。

　本書では、ものすごい効率で勉強する方法を紹介していきますが、これは仕事にはもちろんのこと、もっと身近で小さいタスクや、はたまた生き方に対しても応用できるものであるという自負があります。

　大きなことばかり言ってきましたが、僕は所詮、まだ大学や資格試験に合格しただけの人間です。

　ただ、これまで勉強をたくさんしてきた僕ができる社会貢献の１つとして、この本でお伝えする内容が、**試験の合格のみならず、その先にあるみなさんの人生の幸福の最大化に役立てていただければ、著者として、これ以上に嬉しいことはありません。**

2018 年 8 月

河野　玄斗

CONTENTS

はじめに

効率を突き詰めた、誰でもすぐに使える勉強法 … 1

CHAPTER 0　**Prologue**
僕の願いと勉強の意義 … 15

01.本書を手にしてくれたみなさんへ

1 成功と失敗と

2 本書をPDCAサイクルの出発点にしよう

02.「勉強の意義ってなんだろう?」

1.将来の選択肢が増える / 2.優秀な人に恵まれる / 3.勉強を通じて、自分の快・不快や、得意・不得意を知ることができる / 4.勉強を通して、人生力さえ身につく / 5.自分に自信がつく

CHAPTER 1　**勉強効率を極大化する**
モチベーション講義 … 27

00.モチベーションは吸収率をも高める

01.モチベーションを高く保つポイント①勉強のメリット

02.モチベーションを高く保つポイント②勉強のやりがい

1 どんなときも目的・目標を持つ癖をつける

2 勉強の目標はなんでもいい

1.勉強の目標は「欲望に忠実」でもOK / 2.身近でわかりやすい幸福から考える欲望の具体例 / 3.俗物的な目的は勉強するうちに崇高さへと昇華する / 4.自分の「カッコいい」と思う理想像に近づこう / 5.おまけ・失恋相談

3 目標は仰々しく

1.「大聖堂を造る3人目の職人」になろう / 2.3人目の職人であるという自己暗示をかけよう

4 負の目的の注意点

03.モチベーションを高く保つポイント③勉強の楽しさ

[1] 勉強を楽しくする1つ目の要素「できるループ」

1.「できるループ」と「できないループ」/ 2.「できるループ」を回す方法

[2] 勉強を楽しくする2つ目の要素「知的好奇心」

1. 知的好奇心を育むことで勉強は楽しくなる / 2.気の持ちよう一つで好奇心を持つことは可能 / 3.何事も突き詰めれば勉強にたどりつく

[3] 勉強はそれ自体が楽しいものである

04.「幸福の最大化」とは?

[1] 失敗で心が折れそうなときの道標

1.「幸福の最大化」を意識すれば失敗は怖くない / 2.「人間万事塞翁が馬」

[2] 「幸福の最大化」を意識して優先順位を決定する

[3] 複数の物事を両立させるには?

[4] 優先順位はどんどん変えていこう

05.この章の最後に

CHAPTER 2 「逆算勉強法」のススメ
—— 目的からの逆算で、
最速の勉強を設計する … 79

01.効率を極限まで重視した「逆算勉強法」

02.逆算勉強法の具体的方法

[ステップ1] 目標を知って具体的なゴールを設定する

[ステップ2] ゴールまでにやりたいことを決める

1. まずは「人に教えてもらえ」/ 2. 得られた情報をもとに本当にするべきことを絞る / 3. 自己投資はケチるべきでない

[ステップ3] やるべきことをスケジュールに落とし込む

[ステップ4] 実践する

1. 全体像を意識することの重要性 / 2. 全体像を意識することは「幹」を意識すること / 3.細かいメリハリづけについても人に教えてもらおう / 4. 優先順位を自分の力で見極めるのもよい方法である / 5. アウトプットすることは非常に重要である / 6.「誰かに教える」というアウトプット方法

[ステップ5] 進み具合を定期的に確認する

| CHAPTER 3 | **点数を底上げするための技を身につけよう** |

—— 勉強を成功に導く4つのテクニック … 123

00.勉強を成功に導く4つのテクニック

01.勉強効率を爆速で上げる方法

1 快適な勉強のために、ストレスを減らそう

2 ストレスを感じるときは、さっさと寝てしまおう

3 場所を変えて集中できる環境を作ろう

4 音楽を使いこなそう

5 友達を巻き込もう

6 相性が悪い人とは距離を置こう

7 勉強時間は自分のペースで設定しよう

8 勉強を自分のレベルに合わせよう

9 独学の意識を持とう

10 授業を活用しよう

11 模試を活用しよう

12 映像授業とライブ授業を活用しよう

13 具体と抽象を行き来して理解を加速しよう

02.時間を誰よりも有効に活用する方法

1 休憩の使い方を意識して勉強時間を増やそう

1.切り替えのしやすい休憩で勉強時間を増やそう / 2.得意科目を休憩にする

2 日課を利用して勉強時間を底上げする

3 苦手科目ほど伸びしろがある

4 スキマ時間を活用して勉強時間を増やす

5 まとまった時間をしっかりと確保しよう

6 作業を最小限の時間でこなし、勉強の時間を増やす

03.無駄を省いた確実なゴール

1 無理のないプランを考えよう

2 手段が目的化しないように気をつけよう

③ 手段が目的化しないノートの使い方をしよう

④ 理解した内容を確実に点数へつなげよう

04.誰でも始められる暗記術

① 暗記するうえで、反復は必須

② 暗記においてもアウトプットは重要

③ 反復することを意識してマークしよう

④ 語呂合わせを活用しよう

CHAPTER 4　**高校・大学受験を完全攻略する**
　　　　　　――5教科の解体"真"書 … 183

00.この章の流れ

01.数学

① 数学を学ぶメリット

1.数学を学ぶメリットその1:問題解決能力 / 2.数学を学ぶメリットその2:論理的思考力

② 数学の勉強法

1.基本問題はパターンを攻略しよう / 2.応用問題は基本問題を軸にした再現性が重要 / 3.どうしても数学が苦手な人はパターンを覚えてしまおう

③ 数学の楽しさ

④ 数学でオススメの参考書

02.国語

① 国語を学ぶメリット

1.現代文を学ぶと要約力がつく / 2.現代文を学ぶと他の科目の学力も向上する / 3.現代文を学ぶと語彙が豊富になる / 4.現代文を学ぶと、問題文からも学びがある / 5.古文・漢文を学ぶことのメリット

② 国語の勉強法

1.語彙力と漢字力は常識人の必要条件 / 2.現代文の勉強は文章を要約していくことに尽きる / 3.どのようにマークを引いていくか / 4.読む速度を上げるには / 5.古文・漢文の勉強法も少しだけ

③ 国語の楽しみ方

④ 国語でオススメの参考書

03.英語

1 英語を学ぶメリット

1.英語が得意だと、入試で安定する / 2.英語を学ぶと実利がある

2 英語の勉強法

1.英文読解は現代文と同じように対策できる / 2.英単語はウルトラ重要 / 3.リスニング対策は文章が映像でイメージできるまで読み込むべし / 4.ライティング、スピーキングの勉強法

3 英語の楽しみ方

4 英語でオススメの参考書

04.理科

1 理科を学ぶメリット・楽しさ

1.メリット・楽しさは、世の中が華やかになること / 2.理科が得意だと将来に役立つ

2 理科の勉強法

3 理科でオススメの参考書

05.社会

1 社会を学ぶメリット・楽しさ

2 社会(日本史)の勉強法

1.社会は説明できるストーリーを作る / 2.問題を通して別の切り口で知識を見つめなおそう

3 社会(日本史)でオススメの参考書

06.この章の最後に

EXTRA
CHAPTER

僕の司法試験合格体験記 … 247

1 司法試験の短期合格を決意するまで

2 合格までの道のり

3 僕が勧める司法試験予備試験対策法

1. 論文対策の基本的な流れ / 2. 憲法 / 3. 民法 / 4. 刑法 / 5. 刑事訴訟法 / 6. 民事訴訟法 / 7. 会社法 / 8. 行政法 / 9. 実務

おわりに … 267

CHAPTER 0

Prologue

僕の願いと勉強の意義

01 本書を手にしてくれた みなさんへ

1 成功と失敗と

　具体的な説明の前に、僕を知らない方のために、もう少しだけ自己紹介をさせてください。

　冒頭でお伝えした通り、僕は東京大学理科三類に現役合格し、この本を書いている現在は、東京大学医学部の5年生に在籍しています。

　僕の勉強の原動力は、「勉強が楽しい」という、**勉強をゲームのように楽しむ気持ち**です。これは、僕が幼い頃から、母や父に「勉強の楽しさ」を教えてもらえたことが幸いしたと思っています。母は塾の先生をしていて、問題に取り組む僕のそばでいつも褒めてくれていました。幼かった僕は嬉しくなって、どんどんワークを解き続けていたものです。

　また、父は試験前に出かける僕に対し、「頑張ってね」という言葉ではなく、「楽しんでね」という言葉をかけてくれたり、よ

く「この勉強はこんなところに使われているんだ」というような具体例を教えてくれたりしました。

　そういった環境のおかげもあって、東大の受験時には**1科目が白紙だとしても、余裕で受かる点数で合格することができました**（※満点は、全科目を合計すると550点です）。東大の入試は難問が多く、理科三類の合格ラインは約370点（他の科類は310点ほど）だったのですが、僕の入試本番での点数は約440点でした。

　入学後は、東大の医学部の勉強と並行して、司法試験も一発合格しました。
　司法試験は、僕のように法科大学院に進学しない人が司法試験の受験資格を得るための「司法試験予備試験」と、本番の「司法試験」の2つに分かれています。僕が司法試験に向けた勉強をし始めたのは、大学2年生の秋頃でした。

　まず8カ月の勉強で司法予備試験に一発で合格し、その**数カ月後には、司法試験にも一発で合格しました**。その間の医学部の定期試験も、すべてパスしています（なお、司法予備試験は飛び級的な要素が強いため、合格率の観点から見ても、その名前とは裏腹に、合格するのは司法試験より難しいとされています）。

　その他には、小学2年生で公文の中学数学の基礎課程を、小学3年生では公文の高校数学の基礎課程を終えていて、その後、数検1級や英検1級にも受かりました。

● CHAPTER 0 ●
Prologue
僕の願いと勉強の意義

このように羅列すると「なんだ、やっぱり普通の人と頭のつくりが違うんじゃないか」などと思われるかもしれません。しかし、1つだけ言えることは、**僕は挑戦や努力の数だけ「失敗」も経験しているし、苦手なこともももちろんある**ということです。

たとえば、僕は中学受験のときに第1志望の学校に落ちています。そして、今では一番得意な数学ですが、昔はケアレスミスが多く、その癖をなおすのに非常に苦労しました。

さらに手先の不器用さは何より格別で、小中高時代の図工や美術の時間では、思い出すだけで吹き出してしまうような数々の前衛的なアートが僕の手から生み出されてきました。当然、それらの成績は壊滅的で、中学時代の美術の成績は242人中238位でした。

他にも、その場の勢いで間違った行動や意図しない発言をして後悔したこともありました。細かいものも合わせれば失敗は数え切れません。

このように苦手なことはもちろん、大小様々な失敗も経験してきました。ただ、**僕の場合、その失敗を悔やむだけではなく、すべて自分の糧にしてきました。**

2 本書をPDCAサイクルの出発点にしよう

みなさんは**PDCAサイクル**という言葉を聞いたことはあるでしょうか。PDCAサイクルとは、Plan（計画）、Do（実行）、

Check（評価）、Act（改善）の4単語の頭文字をつなげたもので、「計画したものを実行して、その改善点を見つけて次の計画に移ることを繰り返す」サイクルのことです。たとえばこれを学生の勉強にあてはめると、

☑ 定期テストの勉強をどう進めるか計画し（Plan）
☑ それらを計画に沿って勉強（実行）し（Do）
☑ テストの点数（結果）を確認・評価して（Check）
☑ 次回どう点数を伸ばせるか改善案を検討する（Act）

というようなイメージになります。

　このPDCAサイクルは、会社経営の文脈などで使われることが多いですが、間違いなくすべてのことに通じます。そして何より、**PDCAサイクルをできるだけ速いペースで回し続けることこそが、自己を高めていく最も効率のいい方法です。**

　僕はこのPDCAサイクルを回し続けて、先述した失敗の数々から、「このように勉強していけばいいのか」ということを学んでいきました（ただ、「失敗」と言いましたが、本音を言うと、そこから数多くのことを学べたかけがえのない「経験」でもあるため、厳密には、僕にとっては失敗ではありません）。

　さて、PDCAサイクルは自己を高めるうえで非常に重要と言いました。ですが、1サイクル回すためにもやはり時間や労力がかかってきます。そのため、**「回す必要のないサイクル」は**

極力避けるのがベストと言えるでしょう。

　それでは、その「回す必要のないサイクル」とはなんでしょうか。それこそ、**先人がすでに回してくれたPDCAサイクル**なのです。状況が全く同じということはあり得ないので、サイクルをもう一度回すことが全くの無駄だとは言えませんが、コスパの観点から見れば、やはり重要度は相対的に低くなります。

　ここでみなさんに考えていただきたいのは、「河野玄斗という男が長年PDCAサイクルを回し続けてたどりついた勉強法がある。しかも、その勉強法は一定の結果を伴っているから、どうやらよさそうである。それなら、まずは自分もその勉強法を軸に勉強していき、もし自分に合わなければ、この勉強法を出発点として、自分なりのPDCAサイクルを回していくことが一番効率のいい方法なのではないか」ということなのです。

　僕は自分のことを特別な存在だとは思っていないと言いましたが、これは、**合格までに必要なタスクを、「最も効率的なやり方」で「最大限の努力」でこなしてきている**からに過ぎないからです。医学部の勉強と両立させながら司法試験に受かったのも、「最も効率的なやり方　×　最大限の努力」を実践した以上、受かるべくして受かったと思っています。

　よく、「勉強しているのに成績が伸びない」人のなかには、こんな人がいます。
「勉強ができる人は地頭がいいからだ。頭がそれほどよくない

20

自分が、今さら勉強してもしょうがない」と言って、勉強を放棄してしまう人です。

しかし、ちょっと待ってほしいのです。**その勉強法は本当に「最も効率的なやり方」なのでしょうか?**

勉強を全くしていない人が「自分は勉強ができない」と言っていたら、「いや、勉強してみたら意外と得意かもしれないじゃん」と返したくなるのと同じです。つまり、「いやいや、最も効率的なやり方で勉強したら伸びるかもしれないじゃないか」と言いたいのです。

野球で活躍されているダルビッシュ選手は、過去にこんなツイートをされています。

「練習は嘘をつかないって言葉があるけど、頭を使って練習しないと普通に嘘つくよ」

本書を手に取ってくださったみなさんには、PDCAサイクルをしっかり回すことで、昨日よりも今日がよくなるという成功体験を味わってほしいと思っています。

● CHAPTER 0 ●
Prologue
僕の願いと勉強の意義

21

02 「勉強の意義って　なんだろう?」

　そう聞かれたら、あなたはどう答えるでしょうか。勉強を通して様々な経験や知識を得た僕が言えるのは、おそらく次の5点だろうと思います。これは、社会人の方はすでに実感されていることだと思いますので、読み飛ばしていただいても構いません。

1. 将来の選択肢が増える

　たとえばあなたが学生なら。まだ将来の夢も、行きたい学校も決まっていないかもしれません。でも、勉強をしてひとまずいい学校に入っておけば、「なりたい夢」が決まったとき、「学力が足りないから」などという、悲しい理由で進路を閉ざされることはありません。

　また、たとえばあなたが社会人なら。TOEICの点数や、資格の取得状況で、昇進や昇給に影響することもあるかと思います。それらの取得状況如何で、海外支社での勤務ができたり、よりチャレンジしたい業務に就くうえで有利に働いたりすることもあるでしょう。

このように、**将来どうなるかがわからなくとも、勉強してお
くことで、自分の選択肢が増える**というのは、勉強の大きな意
義であると僕は考えます。僕自身、現状は医者にも弁護士にも
なれるし、勉強次第ではそれ以外の道に進むこともできます。
この可能性の拡がりは、勉強のおかげと言えるでしょう。

2. 優秀な人に恵まれる

　また、いい学校に進めば進むほど、周りに優秀な人が集まり
ます。この人的資源こそ人生を豊かにすると思うのです。
　洗練された考え方に触れることで、自己の価値観が根底から
覆 されることがあります。また、周りの「これくらい当たり
前」のレベルが高くて、気づいたら自分の「当たり前レベル」が
とんでもなく高いところにあったというようなこともあります。
　さらに、シンプルに言えば、周りの友人がそのまま将来のビ
ジネスパートナーとなる可能性もあるでしょう。
　これは入試でいい学校に進むことだけに限った話ではありま
せん。**優秀な人と対等に渡り合うには、自分が優秀になるほか
ない**でしょう。

3. 勉強を通じて、自分の快・不快や、 得意・不得意を知ることができる

　これは特に中学〜高校生にあてはまると思いますが、10〜20
代の圧倒的な時間を占める「勉強」を通して、「自分は何を楽し

● CHAPTER 0 ●
Prologue
僕の願いと勉強の意義

いと思うのか」「何が得意なのか」ということを知ることができます。たとえば物理のように、現実にあるモノの仕組みを数式で解き明かしていくことを楽しいと思うのか。それとも現代文のように、著者が魂を込めて書いた文章を読んで考察を深めていくことを楽しいと思うのか。もしこれらに気づくことがなければ、将来何をしたいのか、自分で決めようにも決められません。

「将来したいこと」に向けて勉強するだけではなく、勉強をすることで将来したいことを決めていくのも、1つの手であると考えられます。**本当に楽しいと思うことを仕事にするためにも、どんどん勉強してみてください。**

4. 勉強を通して、人生力さえ身につく

　これは本書で何度も出てくる考え方です。簡潔に述べると、勉強によって身につく思考力や物の考え方はもちろん、どう勉強していくのがよいかを考えるうちに身につくタスク処理能力などが、勉強以外のあらゆる場面で生きてきます。

　すなわち、勉強によって学力のみならず「人生力」まで身につくと言えるでしょう。

5. 自分に自信がつく

　これは、「勉強に本気で取り組んだことによって、何かを達

成できた人」にあてはまる内容です。

　たとえば僕の場合、司法試験の勉強中に「自分は数カ月しか勉強していないのに、何年も司法試験の勉強をしてきている人たちに敵うはずがない」と投げ出すことはありませんでした。それは、大学入試の成功体験によって「自分はやればできる」という自信に満ちあふれていたからです。

　また、司法試験の勉強の最中には「自分はこんなに頑張れるんだと知ることができたし、仮に落ちたとしても得るものは大きいだろうな」と思っていました。

「今まで努力したことがない」という人は、少しだけひと踏ん張りしてみることで、「努力できるカッコいい自分」にめぐり合えるかもしれません。

　さて、この章はこれくらいで切り上げて、次の章ではモチベーションについて述べていこうと思います。

● CHAPTER 0 ●
Prologue
僕の願いと勉強の意義

25

Chapter 1

勉強効率を極大化する
モチベーション講義

00 モチベーションは 吸収率をも高める

　勉強は「ただその日一日勉強すれば終わり」というわけでは
ありません。継続してこそ結果へとつながります。継続のため
には、モチベーションを持ち続けなければなりません。そんな
モチベーションの大切さは、みなさんも身に沁みているのでは
ないでしょうか。

　また、**モチベーションを保てなければ、勉強の「量」のみなら
ず、「質」まで落ちてしまいます。**モチベーションが維持でき
ていれば、脳がその物事を重要なものとして認識してくれるた
め、記憶に定着しやすかったり、理解が促進されたりするので
す。「好きこそものの上手なれ」という言葉がありますが、自分
から進んでおこなう物事の吸収率は、やらされておこなう物事
の吸収率をはるかに上回ります。

　読者の方のなかには、「モチベーションはもう十分あるから、
早く勉強方法を教えてくれ」と思っている方がいるかもしれま
せん。ただ、いずれ勉強していくうちに、勉強を精神的につら
く感じてしまうこともあると思います。僕自身も、司法試験の
ために勉強を始めてから、合格するまでの道のりは決して平坦

ではなく、ときには精神的に追い込まれてしまい、つらく感じる期間もありました。

「必要ない」という方は、この章を読み飛ばしていただいても構いませんが、もしも勉強がつらくなったら、ぜひこの章に戻ってきてください。

また、**この章の内容は、勉強以外のすべてのことに応用できます。**何か目標とする試験を突破したあとも、本章の内容を心に留めていただけると幸いです。

さて、**人は、どういうときにモチベーションを高く保てると思いますか?**

僕は、大体の場合、下記の3つのうちどれかにあてはまるのではないかと考えています。

- ☑ 自分のなかで「メリット」を感じているとき
- ☑ 自分のなかで「やりがい」を感じているとき
- ☑ シンプルにそれ自体が楽しいとき

この3つは、**モチベーションを高く保つための3つのポイント**です。もちろんかぶっている部分もありますが、ここではあえて切り離してお話ししていきます。

このポイントについて解説したあと、大きな失敗をして心が折れてしまった場合に意識してほしい、**幸福の最大化**についても解説していきたいと思います。

● CHAPTER 1 ●

勉強効率を極大化する
モチベーション講義

29

01 モチベーションを高く保つ ポイント①勉強のメリット

　勉強のメリットについては、Chapter 0 でもお話ししました。また、学生の方に読んでほしい「各教科を勉強するメリット」については、Chapter 4 で詳しく説明します。さらに、**「勉強は、勉強以外のあらゆる場面で生きてくる」**ということは、本書の至るところで述べています。

「勉強をすると、こんなにいいことがあるんだ！」と自分のなかで腑に落ちたとき、自然と「勉強をしてみてもいいかな」という気持ちになることでしょう。本書を通して、勉強することがいかに有意義なのかを実感していただけたら幸いです。

　さて、ここからは完全に余談なのですが、子どもに勉強させるとき、ただ「勉強しなさい」とだけ言って強制する親や先生がいます。時と場合によっては仕方のないこともあるかと思いますが、少し考えてみると、それは効果がないどころか、むしろ逆効果だということがわかります。

　店員さんが服を売るとき、お客さんに向かって「この服を買いなさい」と言っても、買ってもらえるどころか「この店員さん、怖い」「この服はそんなに売れないから、無理やり買わせよう

としているのかな」などと思われてしまいますよね。

　では、服を売りたい店員さんはどうすると思いますか？
「この服を今買うことが、どれほどあなた（お客さん）にとって
メリットがあるか」を力説するのではないでしょうか。

「こちらのお品はお客様にお似合いですね」「シルエットがき
れいな商品なので、細身に見える効果がありますよ」「こちら
のお色は雑誌掲載商品で、残り数点となっているので、売り切
れ必至ですよ」というように。

　これは、勉強でも全く同じです。子どもに勉強させたい親や
先生は、勉強することがどれほど彼らのメリットになるのかを
伝えたうえで、いかに彼らを納得させられるかが大事なのです。

● CHAPTER 1 ●
勉強効率を極大化する
モチベーション講義

31

02 モチベーションを高く保つ ポイント②勉強のやりがい

「やりがい」も、メリット同様、モチベーションの維持に大きく貢献してくれます。やりがいを感じるために重要なのは、「勉強する目的・目標をどう設定するか」です。

また、どのような目標を持つのかによっても、勉強のモチベーションは左右されていきます。具体的に見ていきましょう。

1 どんなときも目的・目標を持つ癖をつける

この本を読んでくださっているあなたには、「勉強のやりがいを感じるとき」はあるでしょうか。

やりがいを感じるのはどんなときか——それは、「自分のなかで、その勉強をする目的や意味がはっきりしているとき」や、「勉強することで、こんな自分になりたい！　という目標がはっきりあるとき」などです。

目的・目標があるからこそ勉強に対して必要性ややりがいを感じるのであって、これらがなければ、つらいときに踏ん張ることはできません。

勉強でも遊びでも、**目的を持って行動するだけで人生は変わ**

ります。

たとえば、やらなければならないことがあるのに、目的もなくただ漫然と遊んでしまったとします。

「こんなにたくさんやることがあったのに、どうして遊んでしまったんだろう」……と、後悔したことはないでしょうか。

このような場合、先に**「遊ぶ目的」**を意識しておけば、後悔することはまずありません。遊びも人生に必要な時間なのだと解釈して、計画的に思い切り遊ぶこともできるからです。

つい長く遊び過ぎてしまっても、「あのときはこういう理由があったからその選択をしたんだ。次回に生かそう」となるため、あとに引きずることはありません。

つまり、普段からしっかりと目的を持って行動すれば、悪い結果になってしまった場合でも、自己肯定できるようになるのです。そして、そこから学べることは非常に多く、人生のトータルで見たらプラスになります。

何も考えずに行動していると「また誘惑に負けてしまった……」と後味が悪いだけで、得られるものはないのです。

言い換えると、**目的を持って行動するたびにPDCAサイクルを１つ回せる**ということです（目的を持って行動することが、PlanとDoにあたります）。最も効率のよいPDCAサイクルをたくさん回して、手っ取り早く成長するためにも、勉強に限らず、あらゆることに目的を持つとよいでしょう。

● CHAPTER 1 ●
**勉強効率を極大化する
モチベーション講義**

33

実際、僕自身は大学1〜2年の頃に友人たちとたくさん遊びましたが、それは「社会人になったら遊べなくなるかもしれない。それなら時間がある今、後悔しないように死ぬほど遊ぼう」という明確な目的があってのことでした。だからこそ、1年半遊んでいたことを一切後悔していません。逆に、もし目的もなく遊んでいたら、司法試験の勉強で追い込まれていたときに、「あのとき遊んでいないでもっと早くから勉強しておけばよかった……」と、激しく後悔していたかもしれません。

　このように、目的を明確に持っておけば、何かの行動をしたときの後悔も、しなかったときの後悔もほとんどなくなります。**目的を持つことは何かを始めるときのモチベーションになるだけでなく、何かが終わったときの自己肯定感にもつながるのです。**

2 勉強の目標はなんでもいい

1. 勉強の目標は「欲望に忠実」でもOK

　ここからは、Twitterなどでいただいた具体的な相談をもとにお話しさせていただきます。たとえば、

「自分は、人のために役立つとか、学問を究めたいとか、そういった目標が思い浮かばないので、勉強をするモチベーション

が生まれません。本当だったら自分の好きなゲームとかをやっていたいのです」

というような内容です。

　この気持ちはよくわかります。僕自身もゲームが好きで、特に『モンスターハンター』シリーズはやり込みました。人がゲームをプレイしている実況動画を見ているのも好きで、好きなものは何時間でも見ていられます。相談してくださった方は、「ゲームに比べれば勉強はつまらないし、特別な動機でもないとやっていられない」とも思っているでしょう。

　しかし、**勉強の動機は、決して世間の大多数に称賛されそうなキラキラしたものである必要はない**のです。むしろ、自分の「欲望に忠実」でいいのです。別に**どんな動機だろうと、結果として自分にプラスに作用するのであれば、何も悪いことはありません**。ただし、その動機が他人に迷惑をかけるもの、すなわちマイナスに作用するものであれば話は別ですが。

2. 身近でわかりやすい幸福から考える 欲望の具体例

　では、**欲望に忠実な目標**とは、一体どういうものでしょうか。代表例は、就職やお金、結婚や恋愛に関するものでしょう。ただ、多くの人は「学歴がよければ年収が上がる」ことはぼんやり想像できても、「実際にどれくらい儲かるのか」は想像しづらいのではないでしょうか。そういった「**なんとなく得をしそ**

う」なことを、実際に計算してみるのです。

「はじめに」でもお伝えしましたが、**年収を例にして勉強のメリットを計算してみましょう。**

「今の学力から1000時間勉強すれば、将来の年収が100万円上がる」とします。そのときの勉強の時給は、100万円×40年÷1000時間＝時給4万円にもなるのです（なお、勉強のモチベーションを高めるという目的に鑑みると、現在利益に換算すること等はナンセンスである）。

　もっと近い将来の例だと、東大生が家庭教師のアルバイトをする場合、時給4,000円なんてことはザラにあります（医学部になると時給1万円以上の方もしばしばいます）。普通のアルバイトなら、時給は1,000円くらいが相場でしょう。もし学生時代に時給4,000円をもらえたら、そのお金でちょっと旅行したり、早めにバイトを切り上げて、他のことに時間を使えたりもします。背伸びしていいレストランでデートするなんて夢も叶うでしょう。学生同士なのに、背伸びしたデートをしてくれる男子がいたら、きっと女子から人気が集まります。つまり、モテます（多分）。

　こんな風に**俗っぽく考えると、勉強がいかに「お得」かが見えてくる**のではないでしょうか。年収や時給にたとえてお話ししましたが、この額は何も誇張ではなく、現実的な数字だと思います。ぐっとこらえて勉強するかどうかで、年収も時給も上がり、そしてモテ度も上がることでしょう（多分）。

ではこの考え方を、結婚にもあてはめて考えてみましょう。

もしある人が、「専業主婦／主夫になりたいから、少しでも年収が高い人と結婚したい」と考えているとします。そういった人と出会える可能性が高い場所はどこだと思いますか？

職場はもちろんですが、もっと平等な立場で恋愛を始められるのが大学です。「専業主婦／主夫になるから、勉強はいいや」と考えて、受験勉強をしないのは愚の骨頂です。いい大学に入れば入るほど優秀な人に囲まれる可能性が上がるのですから、当然優秀な人と結婚できる可能性は高くなります。

つまり、俗っぽく考えた結果、**「専業主婦／主夫になりたいからこそ、いい大学でいい相手を見つけなくちゃ」**と考えれば、やる気が起きるのではないでしょうか。

また、**「友人と遊びたいから勉強しよう」**という、一見逆説的な目的もいいでしょう。

学校の宿題や受験勉強など、いつかは必ず仕上げなければならないタスクがあるとします。このような課題をためてしまったがばかりに、友達に遊びに誘われた際、「ごめん、どうしても終わらせないといけないものがあるから、遊べないや」と断ってしまうのはつらいはずです。

遊びに誘われたとき断らなくてもよいように、**何も予定の入っていない日に集中して勉強を終わらせてしまえばよいのです**。

このような場合は、遊びを目的にすることで勉強の効率も上がり、遊び自体も思う存分楽しめるので一石二鳥になるでしょう。

● CHAPTER 1 ●
勉強効率を極大化する
モチベーション講義

37

3. 俗物的な目的は勉強するうちに崇高さへと昇華する

　このように、**身近でわかりやすい幸福との関連を想像することで、自分のなかからうまく勉強へのやる気を引き出す**のです。受験勉強を念頭に置いた具体例ばかりでしたが、これを一般化すると、**いかに俗っぽいモチベーションだとしても、それが自分にとって（結果として他人にとっても）プラスに働くのであれば、それはそれでよい**、ということです。

　むしろ、崇高なボランティア精神しか認められなかったら、あまりに生きづらい世の中ではないでしょうか。そもそも「純度100％の崇高なボランティア精神のみ」という状況はあり得ないと思っています。どんなボランティアでも「自分がよく思われたいから」だったり、もっとシンプルに「自分がボランティアしているのが楽しいから」だったり、「自分のため要素」はどこかしらに存在するものです。そして、それは恥じるべきことではないと思います。勉強の目的も「国をいい方向に変えたい」「困っている人を助けたい」といった崇高なものでなくてもよいのです。

　そして実は、はじめは俗物的な目標を持って勉強していたけれど、勉強を突き詰めていくうちに、気づくと崇高な目標が現れていた、ということはよくあるのです。

　勉強をし始めた頃は、「その勉強によってどういうことがで

きるか」「その勉強が自分の性分に合うか」などについて具体的なイメージは湧いていません。しかし、それを突き詰めていくと、次第に自分のなかで具体的なイメージが構築されていきます。と同時に将来の可能性も広がり、「自分はこういうことがしたい」という目標が明確になってくるのです。

　僕も東大理科三類を受けたときは、明確に「東大医学部を卒業して医者になるぞ！」とは思っていませんでした。そもそも、受験しようと思ったきっかけは「模試を受けたら自分の偏差値で十分狙えることがわかったし、東大の最難関学部に入ったら家庭教師などのバイト代も高いからお得だ」というくらいの理由だったのです（また、理科三類からは任意の学部に進めるので、可能性を狭めないでおくという目的もありました）。
「人を救いたい」という崇高な精神を抱いて医学を志す人も、医学部には多くいます。一方で、「親が医者だから、自分も医者になろうかな」とぼんやり考えて受験する人や、僕のように「得なことがあるから」という人もいるでしょう。

　しかし、僕の夢も入学後についてきました。医学の世界で人の命を救う方々を多く知って感銘を受け、また、法学の視点から人を救う道があることも大学で知ることができました。そして、「医療と司法の両方を学んで、難しい医療訴訟を扱える弁護士になりたい」という目標を持つことも。
　学生でも社会人でも、**「勉強という貯金」があるからこそ、将来自分の進む道を切り開ける場合は多くあります。**

● CHAPTER 1 ●
**勉強効率を極大化する
モチベーション講義**

39

4. 自分の「カッコいい」と思う理想像に近づこう

　これまでは「俗物的な目標でもいい」という話をしてきましたが、勉強が捗るのであれば、なんとなく「勉強したらいいことありそう」や、「勉強している人ってカッコよさそう」でもよいと思うのです。

　前者については、勉強の意義に集約されるのでここでは割愛するとして、後者について少し触れておきます。

　みなさんは、勉強している人についてどう思うでしょうか。

　漫画などでステレオタイプに描かれる「ガリ勉＝根暗」というイメージもあるかと思いますが、僕個人としては、**勉強している人は、シンプルに「カッコいい」と思っています。**

　高校生の頃の話ですが、問題を解いている僕たちを見ながら、先生がこのように言ったことがあります。

　「演習中悪いんだけど、君たちカッコいいわ。みんな必死に頭働かせて問題に向き合っている。その真摯な姿はホントに輝いているし、その姿を見た女の子はきっと惚れると思うよ」

　勉強に限らず、スポーツでも芸術でも、「何かに打ち込む姿はカッコいい」と思われるものです。僕の場合、「ひたむきに勉強している人がカッコいいと思っているから、自分もそういうカッコいい人になりたくて、ひたむきに勉強した」のですが、みなさんも「こういう人ってカッコいいな」と思うことがある

40

でしょう。その感情は意外と崇高で、サラッと流すべきものではないのです。「カッコいいな」と思う感覚は、「自分もそうなれるならなりたい」という願望を反映しています。

　だからこそ、この感覚をおぼえるたびに、**「自分はどういう人をカッコいいと思うのか。自分はどうなりたいのか」を抽出して、自分のなかの理想像を作り上げてみてください。**僕もたくさんの人と接しているうちに、自分なりの理想像ができ上がりました。その像は様々な側面を持っているのですが、一部を紹介すると、次のような人です。

「自分に自信のある人間だが、慢心することも、他人を見下すこともせずに、ひたむきに努力している。『自分はすごいんだぞ』という自信ではなく、『頑張ってやるぞ。だって自分は頑張りさえすればなんだってできるんだから』という自信が原動力になっている」

　だいぶ話は逸れましたが、要は「勉強してる人ってカッコいい」という感情を抱いたのであれば、それを自分の理想像に組み込んで、その理想像に近づくために勉強すればいいのではないか、ということです。
「勉強している人ってなんとなくカッコいいじゃん」よりも、「勉強してる人はカッコいい！　自分もそうなりたい！」と、自信を持って即答できたらベストでしょう。

● CHAPTER 1 ●
**勉強効率を極大化する
モチベーション講義**

41

5. おまけ・失恋相談

　先ほど、勉強に限らず「何かに打ち込む姿はカッコいい」と言いました。

　ここからは完全な余談なのですが、僕は友人から、「好きな人に振り向いてもらえない」「振られたけどまだ好き」といった恋愛の相談をされることがあります。そういうときは、同情の言葉をかけつつも、いつも同じことを言っています。

　それは、「自分磨きをしよう」です。

　自分の魅力を高めることで振り向いてもらえるようになる可能性は高まりますし、仮に振り向いてもらえなかったとしても、財産として「磨かれた自分」が残るので、どっちに転んでもプラスです。

　また、「相手に振り向いてほしい」（はたまた「自分のことを振った相手を見返したい」）という明確で強いモチベーションがあるので、そのモチベーションを利用しないのはあまりにもったいないでしょう。

　そして何より、「自分磨きをするためにひたむきに努力している姿」は、それ自体がとても美しいものです。きっと、その姿に惹かれる人は多いことでしょう。

3 | 目標は仰々しく

1.「大聖堂を造る3人目の職人」になろう

さて、ここまで「原動力はなんでもいい」ということをお話ししてきました。要するに、**「たとえ動機が一見不純でも、自分にとってそれがプラスに作用するのであれば（誰かに迷惑をかけない限りは）それでいいじゃない！」**ということです。

しかし、「その勉強が自分のためだけではなく他人のためにもなる」のだったら、モチベーションはもっと高まると思いませんか？

ここでは、そのコツである、**目標を「あえて」仰々しくする**ことについて触れていきます。みなさんは、3人のレンガ職人の話を聞いたことはあるでしょうか。

旅人が旅の途中で、レンガを積んでいる3人の職人に会いました。旅人は3人に何をしているのかを尋ねました。すると、それぞれ次のような答えが返ってきました。

1人目は、「見ればわかる通り、"レンガ"を積んでいるんだよ」。

2人目は、「レンガを積んで教会を造っているんだ」。

3人目は、「多くの信者の心の拠り所となる"大聖堂"を造っているんだ」。

● CHAPTER 1 ●
勉強効率を極大化する
モチベーション講義

43

図1：3人目の職人になろう

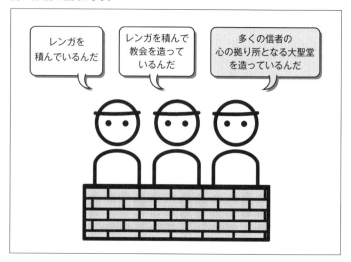

　この話は有名なので聞いたことのある人も多いでしょう。3人の職人で、最もやりがいを感じている方は誰でしょうか。
　もちろん、3人目の職人ですね。

　ここで重要なのは、3人目の職人の目標が「誰かのためになること」である点です。目標が「自分のため」であってもよいというのは先述した通りですが、それに加えて、他人のためにもなるのであれば、それは結局「自分は意義のあることをやっている」という自己肯定感につながります。すなわち、「誰かのためでもあること」が結局、自己肯定感や幸福感といった「自分のため」にもなるのです。
　では次に、3人のうち、最も立派な聖堂を作れるであろう職

人は誰でしょうか。これも、おそらく3人目の職人なのです。というのも、3人目の職人は見据えている「真の目的」が違うからです。1人目は「レンガを積むこと」、2人目は「教会を造ること」、3人目は「多くの信者の心の拠り所となる大聖堂を造ること」を目標としています。

　目標をしっかりと見据えることは重要です。目標なく闇雲にレンガを積んで、それで「たまたま教会ができる」なんてことはほぼあり得ませんし、教会をとりあえず造ってみたら、それが「たまたま多くの信者の心の拠り所となるであろう、完成までに100年以上かかる教会の大聖堂になる」ということもまずないでしょう。**意識して初めてその目標に近づける**のです。

　僕の願いとして、みなさんにもぜひ、3人目の職人になってほしいのです。モチベーションを高めるためにも、「みんなのため、かつ自分のためでもある大聖堂」を造るためにも。

2. 3人目の職人であるという自己暗示をかけよう

　それではどうすれば、僕たちは3人目の職人になれるのでしょうか。それは単純で、**「今やっていることは誰かのためである」**という自己暗示をかければよいのです。

　先ほども述べましたが、僕は完全な利他主義は存在しないと思っています。どんなボランティア活動も、「自分がよく思わ

● CHAPTER 1 ●
**勉強効率を極大化する
モチベーション講義**

れたいから」「自己肯定感が高まるから」「自分がやりたいから」などの、「自分のため」の要素は少なからず入ってくると思うからです。そして、それはそれでいいと思うのです。

　どんな偽善だって、それは善であって、誰にも文句を言われる筋合いはありません。

　話を元に戻すと、「その勉強が自分のためであることを体いっぱいに感じつつ」も、「あえて他人のためになる大義名分を掲げる」ことで、誰でも3人目の職人になれます。すなわち、「3人目の職人になりきる」ことができるのです。

「将来安定だし、モテそうだから弁護士になりたい」という気持ちがあったとしましょう。それは恥ずべき感情ではありません。欲望に忠実で健全と言えるでしょう。

　それでは、その気持ちを感じながらも、「弁護士になって、理不尽な目にあい困っている人を救いたい」という大義名分をあえて掲げてみましょう。急に自分が映画の主人公になったような気分になることでしょう。

　そして、その大義名分を掲げているうちに、いつかそれが本心になっていくと思うのです。それは遠い先のことかもしれません。たとえば、弁護士になったあとに、困っている人々の話に親身に耳を傾けているうち、「こんな人々を救いたい」という思いが芽生えてくるかもしれません。それはそれで素敵なことです。「鶏が先か、卵が先か」を論じることが無益なのと同じように、「大義名分を掲げたのが先か、大義名分を本心で思っていたのが先か」を論じることは無益だと思います。

これは夢を持っていない人についてもあてはまります。「あさっての試験のために仕方なく勉強している」という気持ちを持ちつつも、「自分は多くの人の人生を変える素敵な人になる。そのためには、自分の適性を見極め、能力を高める時間が必要だ。だから今は勉強しなければならない」という大義名分を掲げるのです。**あなたの人生という物語の主人公はあなたなのです。**

さて、僕はこの本を執筆しているところですが、執筆中の僕の思いはこうです。
「自分は今、読者の一人一人が世界に羽ばたくための手助けをしている。読者のなかからは、僕よりもはるかに優秀な人がたくさん輩出されるだろう。きっとその人たちも、多くの人の役に立っていくだろうし、間接的なものも含めれば、僕は今、想像もつかないほどの社会貢献をしている」
この大義名分はまぎれもなく本心に昇華しています。
みなさんの飛翔に期待しています。

4 負の目的の注意点

今までずっと述べてきた通り、「異性にモテたいから東大に行くのは不純ですか？」や、「フラれた彼女・彼氏を見返したいから東大に行くのはダメですか？」といった相談も、答えは同じです。

● CHAPTER 1 ●
**勉強効率を極大化する
モチベーション講義**

47

個人的には「モテたい」「結婚したい」「お金がほしい」など
の動機が自分のモチベーションを最大化する原動力となるので
あれば、むしろ積極的に活用すべきだと思っています。

　ただし、注意しなければならないのは、**「負のオーラをまとっ
た目的」に固執すると、その目的が達成されたとしても幸せに
なれない可能性が高い**ということです。

　たとえば、「自分を振った相手を"見返す"ために、勉強を頑
張って東大に受かる！」と思ったとしましょう。「見返すぞ！」
という気持ちをモチベーションにして、「東大に受かる」とい
うゴールを目指して勉強に励むのであれば、それはモチベー
ションを高めるうえで大きく役立つと言えます。そうして頑
張った結果、本当に受かったのなら、その合格をもって自分は
幸福になれますし、もし仮に受からなかったとしても、努力の
過程で得た経験や知識は、必ずその後の人生で役に立つからで
す。

　ところが、「見返す」こと自体を最終目標にしてしまうと、逆
に不幸になってしまう可能性が大きいのです。東大に受かった
ら、本当に相手を見返せるのでしょうか。相手は自分の思うほ
ど、後悔するでしょうか。「自分が相手を見返すために費やし
た労力」と「相手へ実際に与えられたダメージ量」とのあまり
の不均衡さに、虚無感に 蝕 まれてしまうのではないでしょうか。

　負の目的には、くじけそうなときに「ここで負けてたまる
か！」と前へ進む強いパワーがあります。しかしそういった**負**

の原動力には限界があるのです。

　僕が勉強をオススメするのは、それによって幸福が最大化されると思うからです。負の原動力とのうまい付き合い方は、あまり固執し過ぎないことです。くじけそうになったとき、「あのときの〇〇、覚えてろよ！」と自分を奮い立たせるのに使うくらいでちょうどいいと思います。すなわち、「見返してやる」といった「負の原動力」を最終目的として捉えるのではなく、「踏ん張るための手段に過ぎない」という、ある程度達観した気持ちでいるのがベストでしょう。

　そして、あなたを振った彼や彼女に対しての感情も、「君たちのおかげで今頑張れているよ。ありがとう」という感謝の気持ちにまで昇華できたのであれば、それこそ「真の意味で見返した」と言えるのではないでしょうか。

　少々ややこしい話になっていきそうなので、このあたりで総括すると、**「負の原動力は、その思いに取り憑かれるのではなく、利用してやれ」**ということです。あくまで、自分のモチベーションが最大化されるという目的を達成するための手段に過ぎないのです。

● CHAPTER 1 ●
**勉強効率を極大化する
モチベーション講義**

49

03	モチベーションを高く保つ ポイント③勉強の楽しさ

　さて、モチベーションを高く保つための3つ目のポイントは**「勉強の楽しさ」**です。この「楽しさ」が会得できれば最強で、楽しささえ理解できれば、今まで僕が述べたことをすべて忘れてしまったとしても、モチベーションは保てます。

「勉強は楽しい」と言うと、多くの人が「？」と疑問符を頭に思い浮かべるかもしれません。ところが、勉強は本来「楽しい」ものなのです。そして、僕たちは知らず知らずのうちに勉強をしているのです。

　国語を例に説明してみましょう。たとえば、現代文の長文読解が苦手で、試験や問題集に出題された長文を読むことは苦痛だとしても、趣味で読んでいる『ハリー・ポッター』シリーズの分厚い本にはみずから手を伸ばして楽しんで読んでしまう。

　数学なら、難しい計算式が苦手で、問題を見るだけでも嫌気がさすのに、趣味のゲームでは自分から進んでダメージやステータスの計算をしてしまう。

「長文読解」と「『ハリー・ポッター』を読むこと」。
「難しい計算式」と「ゲームの計算」。

これらは、本質的にはやっていることはほぼ一緒です。このように、知らず知らずのうちに僕たちは勉強と同じようなことを楽しみながらおこなっているのです。

　やっていることが同じであれば、勉強も趣味と同様に「楽しい」と感じることができるはずです。

　実際、僕はすでにお話しした通り、小さい頃から算数（数学）が大好きで、自分から進んで自分の学年より上の問題に取り組んだり、ゲームをする感覚で暇な時間に数学の問題集を読んだりしていました。

　暇な時間に問題集を読むとまではいかずとも、「勉強を楽しく」することは意外と簡単にできます。楽しむための仕組みや、ちょっとした工夫の仕方を知るだけで、誰にでも勉強を楽しむことができるのです。

　すべての教科に共通して言えるのは、**「勉強を楽しむ」コツは、大きく分けて「できるループ」と「知的好奇心」の２つである**ということです。

1 勉強を楽しくする1つ目の要素 「できるループ」

1.「できるループ」と「できないループ」

　まずは、勉強を楽しくする１つ目の要素**「できるループ」**から説明させてください（なお、各教科の楽しみ方はChapter 4にて

詳述するのでそちらをご参照ください)。

「できるループ」とは、勉強ができる楽しさによって勉強を加速させる仕組みです。

勉強の「できる楽しさ」は、みなさんの人生で数え切れないほどたくさん登場するはずです。問題に正解したとき。試験で高得点を取れたとき。疑問に思っていたことに納得がいったとき。努力を周りに認めてもらえたとき……などなど。

このような「できる楽しさ」を順調に積んでいくと、「楽しいから勉強する→勉強するからもっとできる→できるからもっと楽しくなる→楽しいからもっと勉強する……」と、無限にループさせていけます。これが「できるループ」です。

勉強ができなかったり、嫌いだったりする人は、この「できるループ」を回せていない可能性がとても大きいです。逆に、「できないループ」によって悪循環に 陥 ってしまっている可能性が高いです。

「できないループ」とは、「できるループ」とは逆に、「できないから楽しくない→楽しくないからやらない→やらないからもっとできない→できないからもっと楽しくない……」といった具合に、どんどん勉強ができなくなるループです。「できないループ」はいったん回り始めてしまうと、なかなか抜け出すことができません。

なので、**継続して勉強を続けて試験に合格するためには、「できるループ」をいかに回すかが鍵になる**のです。

52

2.「できるループ」を回す方法

「できるループ」を回すためには、
- ・目標に対し適切な方法で勉強する
- ・自分のレベルに合わせて勉強する
- ・ゲーム化する

の3つを意識することが重要です。

「目標に対し適切な方法で勉強する」については、Chapter 4で大学受験の5教科を例として紹介しましたので、そちらをご覧ください。

ここでは、残り2つの「自分のレベルに合わせて勉強する」と「ゲーム化する」を解説していきます。

①自分のレベルに合った勉強で回す「できるループ」

「自分のレベルに合わせて勉強する」とは、その名の通り、その時々の自分の実力に合った難易度の勉強をする方法です。

自分にとって適度な難易度の内容を学習することで、**「できる」をたくさん積み重ねて、自分の脳に「勉強って楽しい！」と思わせる**のです。

たとえばゲームなら、買った当初はうまくプレイできないでしょう。でも、ラスボスを倒す（最後のクエストをクリアする）頃にはものすごく上達していますよね。これは初めてプレイする人でも「できるループ」をうまく回して楽しくプレイできるように、ゲームの制作者が様々な工夫をしているからに過ぎないのです。チュートリアルを準備していたり、ゲームの難易度

● CHAPTER 1 ●
**勉強効率を極大化する
モチベーション講義**

53

をいい塩梅_{あんばい}に調整して、進んでいくうちに徐々に難易度が上がるようになっていたり……という具合に。

ゲームと同様に、勉強でも「自分のレベルに合った簡単過ぎず難し過ぎない適切な範囲」で勉強をすることで、「できる」をたくさん積めば勉強が楽しくなるのです。そして、「できるループ」を回していくうちに、いつの間にか難易度が高い問題を解くことができるようになります。

自分にとって難し過ぎる範囲（適切でない範囲）をやり続けると、「できない」を無駄に積んでしまい、勉強を嫌悪してしまう原因になってしまいます。もしもチュートリアルが終わった直後に、いきなりラスボスと対決させられるゲームがあったとしたら、その時点でそのゲームは質屋行きですよね。

なので、「できないからこそ高い目標を持って勉強をして克服するぞ！」と無理をして、**自分の実力やキャパシティ以上の勉強をすることは避けるべき**なのです。

逆に、自分にとって簡単な範囲をやり続けることも避けた方がよいでしょう。作業感にマンネリを感じ、達成感を得られないからです。

自分のレベルに合わせて勉強することは、「できるループ」を効率的に回すだけではなく、「できないループ」に陥ってしまったときにもとても有効です。自分の実力に適切なレベルに戻って学び直せば、もう一度「できるループ」を回すことも可能です。**長年苦手意識を持っていた科目も、あえて過去にできた**

ときの範囲まで戻って学び直せば、うまく「できるループ」を回して楽しく勉強できる可能性が高いです。

②ゲーム化で回す「できるループ」

ゲーム化とは、**ミニゲームをプレイするかのように、勉強を「楽しい」と感じるポイントを意図的に作る方法**です。これにより、単純でつまらなくなりがちな勉強も楽しく進めることができるのです。

ゲーム化には大きく分けると、**「タイムアタック」「スコア」「チェックリスト」**の3つの手法があります。

1つ目の**「タイムアタック」**とは、その名の通り**いかに短時間でクリアできるかを意識する方法**です。

練習問題や模試をこなす際に時間を計って、その結果をどこかに記録しておきます。そして後々、同じ問題を解いたときにもタイムを計りましょう。

タイムを比べることで、「最初は10分もかかったけど、今回は8分でできた。2分も時間を短縮できたぞ！」と「できた」経験として**成長を実感しやすくなります**。また、「次回は1分の短縮を目指して頑張ろう！」というように、**わかりやすい目標を設定することもできる**でしょう。これによって、自分から、能動的に「楽しく」勉強するきっかけが作れるのです。

僕も（公文式の）計算学習のプリントをやっていたときは、「次のページは前のページよりも短いタイムで終わらせよう」という目標を常に持っていたので、ゲーム感覚で次々と進めていくことができました。

● CHAPTER 1 ●
勉強効率を極大化する
モチベーション講義

55

また、「楽しい」からは少し脱線してしまいますが、このように記録をとっておくことで、「この分野のクリア時間はなかなか安定しないな。何が原因なんだろう？」と、**苦手な分野を見つけることができる**ので、弱点の対策を練るときにも役立ちます。

　２つ目の**「スコア」は、「いかに高得点を取れるか」を意識する方法**です。
　タイムアタックと同様、問題をこなすときなどに、その得点や正解率を記録して、自分の成長を実感したり、簡易的な目標を作って取り組んだりするために使います。
　過去の得点と比較して「前は５割の正解だったけど、今回は７割の正解になった！」と、成長を「楽しい」経験としてよりはっきりと印象づけ、「次回は８割の正解を目指そう！」と、さらなる成長のための目標を設定することで、勉強をより楽しくするのです。

　この「タイムアタック」と「スコア」は同じ目標に向かう仲間や友人と競うのもよいでしょう。これはオンラインゲームで他人と競い合うのと同じ感覚です。よきライバルがいた方が燃えますし、場合によっては勉強を教え合う（＝協力プレイ）こともできるでしょう。

　ちなみに、「タイムアタック」と「スコア」には注意点もあります。それは、**「記録が前よりも落ちたとしても気にし過ぎない」**ということです。

たとえば、「これまでの単元Aではほぼ90点を出せていたのに、新しい単元Bになったら、30点になってしまった」といった場合です。

　そんなとき、「点数が落ちてしまった……」と気を落とす方がいるかもしれません。けれど、よくよく考えてみると、別に退化しているわけではないのです。

　今までは「A 90点、B 0点」だったものが「A 90点、B 30点」とれるようになったということで、これまでの累計で考えると、確実に成長しているのです。もちろん、勉強の仕方を見返すなど、反省点の抽出は 怠 らないでほしいのですが、「あー、自分の勉強は無駄だ」と、勉強を投げ出してしまわないように注意してください。**それこそ、今までの時間を無駄にしてしまいます。**

　この注意点さえ守れば、「タイムアタック」と「スコア」を通して、記録がどんどんよくなっていくことで「できた」経験を味わうことができ、楽しく勉強することができます。

　さて、最後に、3つ目の手法である**「チェックリスト」**をご紹介します。これは、いわゆる**「To Doリスト（＝やることリスト）」のことで、こなした作業単位で考えるやり方**です。

　たとえば、1日の始まりに「今日はこれとこれとこれを勉強しよう！」という、「To Doリスト」を作ったとしましょう。そして、やることを1つこなすたびに「To Doリスト」にチェックを入れていくのです。このチェックを入れていく感覚が、すべての称号・勲章を揃えていくコレクターのような気分で、快感

● CHAPTER 1 ●
勉強効率を極大化する
モチベーション講義

57

になっていきます。

そして1日の終わりに、「今日はこれだけこなすことができた！」「今日は全部のタスクをこなすことができた！」という実感につながります。「今日の戦歴」を見て明日へつなげることができるのです。

また、**チェックリストをより効果的に活用するポイント**があります。それは、**「タスク項目を細分化する」**ことです。

たとえば、「1日に英単語を100個覚える」という目標を立てたとします。これをチェックリストに落とし込むときは、1～10、11～20……のように、細分化してリストにするのです。そうすると、チェックを入れる頻度が上がるので、「勉強が進んでいる感」が増幅されます。その達成感から、ますます勉強に熱を入れることができるのです。

また、「チェックリスト」でも注意しなければいけないことがあります。それは**「チェックリストが全部埋まらなくても気にしない」**ということです。

これはあくまでも**「自分の頑張りを可視化するためのもの」**です。「自分のできなかったことを可視化するためのもの」ではありません。

もし、リストを全部こなせなくても、「今日はゼロの状態からこれだけのタスクをこなすことができた」と自分をおだてて、「できる」経験につなげましょう。そうすれば、勉強が好きになって、次第に1日でこなせる量が増えていきます。

もちろん、全部のチェックリストをこなすことができれば、
「今日はものすごく頑張った！」と、自分をめいっぱい褒めてあ
げてください。

2 勉強を楽しくする2つ目の要素 「知的好奇心」

1. 知的好奇心を育むことで勉強は楽しくなる

　次は、「勉強の楽しさ」の2つ目の要素である「知的好奇心」
について説明します。知的好奇心とは「これはなんだろう」と
いった能動的な興味のことですね。
　僕たちの脳は、興味のあることや疑問に思っていることを理
解すると、「楽しい」と感じるようにできています。この仕組
みを利用することで、勉強自体を楽しいと感じることができる
ようになるのです。

2. 気の持ちよう一つで好奇心を持つことは可能

「興味のないものは興味がないんだから、知的好奇心なんて生
まれようがないじゃないか」と思っている方もいるでしょうか。
しかし、実は**気の持ちよう一つで好奇心を持つことは可能**なの
です。

● CHAPTER 1 ●
**勉強効率を極大化する
モチベーション講義**

59

小学生の頃に、あさのあつこさんの『バッテリー』を読んだことがあります。そのなかで、主人公が「ムワッとした熱気が体中を包む。肌に突き刺すような日差しがヒリヒリする。たまらなく気持ちがいい」のように思っている描写がありました。

　当時の僕には衝撃的でした。
「そんなに暑かったりヒリヒリしたりしたら、普通はネガティブな感情を抱くではないか！　なのに、それをすべてひっくるめて気持ちがいいと思う人もいるのか！」
「言われてみれば、ムワッとした感じやヒリヒリした感じは気持ちいいかもしれないぞ。要は、すべて自分の捉え方次第で、ポジティブにもネガティブにも捉えられるのか！」
と思うようになりました。

　それ以来、僕は（よほどのことがない限り）人のことを嫌いにならなくなりました。それまでなら「苦手だから付き合いたくないな」と思っていた人も、「ちょっと変わっているけど、その変わっているところがこの人の魅力なんだ。それがこの人の個性なんだ」と考えられるようになりました。
　また、僕には苦手な食べ物がありません。たとえば苦手な人の多いピーマンも、僕にとっては「この苦い感じこそ他にないおいしさ」なのです。

　これは、勉強についても全く同じように言えると考えています。たとえば、ただ漫然と現代文の文章を読んでいても、全く面白いとは感じられないかもしれません。

しかし、世の中にはその文章を趣味として読んでいる人がいるのです。その文章に書かれた内容を知りたいと、自ら進んでその本を選ぶ人もいるのです。そのように考えれば、現代文の文章に書かれている内容それ自体は、「本来楽しめるものであるはずだ」とわかっていただけると思います。

　そうであれば、それを楽しめるかどうかはみなさんの捉え方次第なのではないでしょうか。「この筆者の言っていることは斬新で面白いぞ！」とか、「この筆者の意見には同意できない！おかしい！」といった具合に、その文章と対話をする感覚でツッコミを入れてみると、関心を持てたり、疑問が湧いたりして、好奇心が芽生えてくるのではないでしょうか。

　各教科の楽しみ方についてはChapter 4で詳しく紹介しますが、要は、**何事も楽しめるかどうかはあなたの捉え方次第なのです。**

3. 何事も突き詰めれば勉強にたどりつく

　その一方で、人が何かを疑問に思ったり、何かを知ったりすることを「楽しい」と思えるかは、感性に依存する部分も多々あります。なので、どう捉えても興味を持ったり疑問に思ったりできない「生理的に無理」なものもあるかもしれません。

　その場合、個人的には「生理的に無理」なものはやらなくていいと思うのです。そんなに嫌いなものであれば、絶対に将来仕事にするべきでないし、**好きだと思うものを伸ばした方が人**

生は豊かになります。勉強は前にも述べたように、娯楽であり贅沢なものなのです。

ただ実は、**あなたが好きだと思ったこと——たとえば、絵やスポーツや美食などを突き詰めていくと、結局は勉強にたどりついてしまう可能性は高いのです。**

たとえば、ゲームをとても好きな人が、「ゲームのシステムを作りたい！」と思った場合。システムを作るためには、プログラミングを学ばないといけませんよね。プログラミングをなんとなく学ぶだけでも、簡単なゲームは作れます。ただ、より複雑で高度なゲームを作りたい場合には、様々な分野の応用が必要になってきます。

複雑なダメージ計算をするためには数学を勉強しなければいけないかもしれませんし、不自然さを感じさせない滑らかな3Dを表現するには物理的な知識が必要かもしれません。より先進的な技術を取り入れて開発しようとすると、英語圏の専門書を読むため、英語ができなければいけないかもしれません。

このように、**何かを突き詰めようとすると、おのずと目標や疑問が生まれて、横断的に幅広い分野の知識が必要になってく**るのです。「生理的に無理」であった勉強も、自分の好きなことを突き詰めるところから出発していけば、気づいたら自発的にやりたいものに変わっていくかもしれないのです。

3 勉強はそれ自体が楽しいものである

　ここまで、勉強を楽しむための考え方やテクニックの類いについて話してきました。しかし個人的には、「勉強はできるループを回すことで楽しくなる」ものだったり「知的好奇心を持つことで楽しくなる」ものだったりというよりは、**「勉強それ自体が、誰でもやれば楽しめるものである」**と信じています。

　知識や論理の広大なジャングルのなかを冒険していくワクワク感。そして、今まで無関係だと思っていたものがリンクした瞬間の、全身にビビッと電流のようなものが走る感覚などは、何物にも代えがたい貴重な体験なのです。

「勉強は楽しいから楽しい」というトートロジー（同語反復）になんの疑問も持たなくなったら、きっと「勉強に対するモチベーション」という概念すらも不要になることでしょう。
　初めは「できるループ」を回すなどして勉強を好きになっていくところからスタートするのがいいと思いますが、いずれそこから先の「悟りの境地」に踏み出せるはずです。

● CHAPTER 1 ●
勉強効率を極大化する
モチベーション講義

04 | 「幸福の最大化」とは？

　さて、これまではモチベーションの保ち方について述べてきましたが、心が折れそうになる失敗をして、何もかも投げ出してしまいたくなるときもありますよね。ここでは、そういったときに意識すべき**幸福の最大化**について述べていきます。

　この幸福の最大化という考え方は、勉強のみならず、あらゆることの優先順位を決める（複数の物事を両立する）うえで重要な役割を担ってくれます。

1 | 失敗で心が折れそうなときの道標

1.「幸福の最大化」を意識すれば失敗は怖くない

　僕は常に、自分の幸福を最大化するために行動してきました。とは言いつつも、ここでいう「幸福」の定義について、僕自身まだ明確な答えを導けていません。自分なりになんとか言語化すると、「自分が最終的にこうなりたい」と思える人物像に近づけることや、自分が死ぬ瞬間に、本気で「いい人生だったな」と

64

言えるような人生を歩むことでしょうか。死ぬ瞬間に感じること（後悔も含め）は、その人の幸福の本質を表すと思うのです。もっとも、何を「幸福」と思うかはその人の性格なども影響してきますし、人によって違うでしょう。だからこそ、人生の多様性が生まれているのかもしれません。そのため、「幸福」の定義については各々がなんとなく「こういうものが幸福だ」と思い描いたものとしてください。

　そして「幸福の最大化」とは、いかに「自分なりの幸福を最大に近づけられるか」を意識することなのです。

　さて、ここでTwitterのDMでいただいたご相談を紹介します。

「○○大受けた者なのですが、だめで、後期の△△大学に行こうと思っています。浪人も考えましたが、なにせメンタルが豆腐なので１年間泣きながら勉強するのはもたないと判断しました。（河野さんからしたら、こんなの考えられないかもしれませんが、、）

　それで、もう今潰れそうです。励ましてくれる友達、応援してくれる親もいますが、私は元気で大丈夫なふりをしてしまいます。○○大合格できなかったの悔しいなあ、情けないなあ、とか、思って。合格した人が、周りみんなにおめでとうって言ってもらえて、親にも勉強を教えてくれた友達にも、応援してくれた人にも恩返しができたはずなのになんで落ちちゃったんだろうって思います。学校で残って勉強してたとき、友達と楽しそうに話してあまり勉強してなかった子（ように見えただけ？）が□□大に受かってて、なんで私はーって思いました。

● CHAPTER 1 ●
勉強効率を極大化する
モチベーション講義

65

Twitterとかでどこどこ大合格、とか、春から〜大とか、そういうのを見て、つらくなるし、素直におめでとうって思えない自分も、すさんできていて嫌です」

　目標を達成できなかったとき——特に、その目標に向けて、その人自身がたくさんの時間と労力をかけて努力してきたときの悲しみは計り知れません。

　しかし、そういうときにこそ「幸福の最大化」を意識してみてください。人生は何十年も続きます。「人生を丸ごと振り返ったとき、受験で失敗したことが笑い話になるくらい幸福を最大化するためにはどうすればいいだろう?」。こんな考え方ができると、次にどうするべきかのおのずと見えてくるはずです。

　先述した通り、僕は中学受験の時に、第1志望だった学校に落ちています。当時は「第1志望の学校に落ちてしまった。もうダメだ……」と落ち込みました。けれど東大医学部に合格し、司法試験にも合格した今から振り返れば、「あのとき落ちたことも、学びになったな」と思えています。

　しかも、結果として入った中学は僕にピッタリでした。いい先生と友人たちに恵まれ、優れたカリキュラムで勉強できました。もし第1志望の中学へ行っていたら、この経験はできませんでした。むしろ、その中学だったからこそ、今の僕がいるのだと思っています。
　これがもし「どうせ中学受験にも落ちるような人間は、これ

からろくな勉強もできないし、社会でも活躍できないさ」と卑屈になっていたらどうなっていたでしょうか。少なくともこうして、本を書かせていただくような自分にはなれていなかったと思います。

重要なことは、**「失敗をしてしまった。じゃあそこから自分の幸福を最大化するにはどうすればいいだろう?」**と問い直すこと。あとから振り返って、自分が幸せだったと思うためには、何から始めればいいかを考えてみてください。

2.「人間万事塞翁が馬」

有名な「人間万事塞翁が馬」という故事を聞いたことはあるでしょうか。もしかしたら、高校の漢文の授業などで一度は読んだことがあるかもしれません。これは中国の古い思想書である『淮南子』に書かれた次の話がもとになっています。

中国北方の砦の近くに、占いに精通している老人が住んでいました。

あるとき、その老人の飼っていた馬が逃げてしまい、隣国の胡に行ってしまいました。周りの人々は気の毒に思い、その老人を慰めました。すると、その老人は次のように言いました。

「此れ何ぞ福と為らざらんや(これがどうして幸いにならないといえるのか、きっとなるだろう)」

数カ月経つと、その逃げた馬が胡の駿馬を連れて帰ってきました。人々はこれを祝福しました。するとその老人は言いました。

「此れ何ぞ禍と為るあたわざらんや（これがどうして災いになり得ないといえるのか、きっとなるだろう）」

　しばらくして、乗馬を好んでいた老人の息子が落馬して、太ももの骨を折ってしまいました。人々は見舞いに行きましたが、老人は次のように言いました。

「此れ何ぞ福と為らざらんや（これがどうして幸いにならないといえるのか、きっとなるだろう）」

　それから1年後、隣国の胡が大群で砦に攻めてきました。体の丈夫な若者はみな戦いに赴き、10人中9人は死んでしまいました。しかし、老人の息子だけは足が不自由であったために無事でした。

　このように、「福が禍となり禍が福となる」、その変化を見極めることはできず、その奥深さを測ることはできないのです。
　この話からわかるように、いいことは悪いことの伏線に、悪いことはいいことの伏線になっていることが多いのです。このことは、『史記』の「南越伝」においても「禍福は糾える縄の如し（禍と福はより合わせた縄のように表裏一体である）」という言葉で述べられています。

僕はどんな困難や失敗が立ちはだかっても、心のなかで「此れ何ぞ福と為らざらんや」と念仏のように唱えることにしています。神のような大きな存在がいるとしたら、なんらかの意味を持って試練を与えていることでしょう。

「どうしてこの試練が自分に与えられたのだろう。自分はこの試練から何を学んで次に生かせばよいのだろうか。きっとこの試練は次の幸福の伏線なんだ」と信じて前を向くことが重要なのではないでしょうか。すると、時間が経ってから、「そういえばあのときの試練がなかったら、今の○○はなかったな」と必ず思える日が来るのです。僕は今までのすべての経験（あえて、失敗とは呼びません）においてそうなりましたし、これからもそうなることでしょう。これこそが幸福の最大化を意識する理由なのだろうと思います。

2 「幸福の最大化」を意識して優先順位を決定する

　少し話が大きくなりましたが、**「幸福の最大化を意識することが、やるべきことの優先順位を決めるうえで重要になる」**ことは多いのです。

　たとえば、高校生が「大学受験に向けて勉強しないといけないけれど、やっぱり遊びたい。どうしよう」という状況に陥った場合について考えてみます。

　高校時代は貴重な時間で、そのときにしかできないこともたくさんあるでしょう。

● CHAPTER 1 ●
勉強効率を極大化する
モチベーション講義

69

けれど、「毎日遊ぶ」のと、「遊びの時間を半分に減らして、残り半分の時間を勉強に費やす。そして、少しでもいい大学へ行ってから遊ぶ」の２つの選択肢だったら、**長期的に見たとき、幸せになるのはどちらでしょうか**。幸福の定義にもよりますが、最終的な幸福の累計は後者の方が大きくなるのではないでしょうか。

前者だと遊びにすべての時間を費やしたぶん、最初のうちの遊びの幸福度はとても高いのですが、遊びの最終的な最大値はそれほど伸びません。僕の経験上、週６日遊んでいる人の「遊び満足度」が、週３日遊んでいる人の２倍かといわれると、それより小さいと思っています（図２−１参照）。

一方で、後者の場合は高校時代の遊びの幸福度は多少劣りますが、それ以外のやるべきことをやっているため、それによる自己の成長や安心感は計り知れません。自分のすべきことをして、安定したうえで遊んだ方が、遊びにも余裕が出てきて、心から楽しめるはずです。

また、基本的には大学生になってからの方がお金にも余裕が出て、楽しめる範囲が広がるでしょう。高校時代と比べて親も（家庭によりますが、平均的に見ると）さほど口うるさくなくなるので、遊びの幅も広がります。そして、単純計算で、高校は３年間ですが大学は４年間あります。さらに、社会人生活は約40年です。たった３年間勉強するだけで後の人生を楽しく暮らせるのなら、僕は幸福を最大化するために「今」勉強するのが賢明だと思います（図２−２参照）。

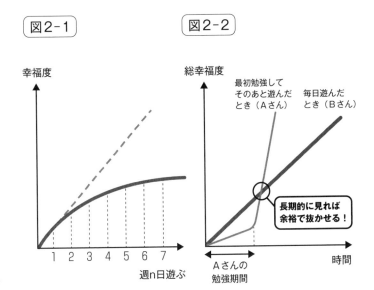

 ただもちろん、高校でしか味わえない「青春」もあると思います。高校時代をすべて将来の準備に捧げてしまうのがもったいないのは事実です。そこは自分の考える「幸福」と照らし合わせて、バランス感覚を持ってしっかり考えるべきです。

 ここで重要なのは、自分なりに考えて結論を出すことです。自分なりに考えて考え抜いた末に出した結論であれば、それはきっと「自分なりの幸福」につながるものですし、つらいときは「決めたのは自分だから」と踏ん張れます。よくない結果になっても「考えたうえでの結果だから、仕方ない」と後悔も残りません。

また、その結果をPDCAサイクルに組み込んで、「自分にとっての幸せ」についての精度を高めていくこともできます。すなわち、「なんとなく思い描いていたもの」の輪郭を少しずつ捉えられるようになるはずです。

　ここから具体例を2つほど挙げるので、一緒に「自分なりの幸福」について考えてみてください。

　まず、「全科目でよい成績を取る必要があるのか？」という問いに対して、あなたならどう答えますか。
　たとえば、あなたが奨学金をとりたくて、全科目で学力をつけるメリットがあれば、よい成績を取るべきでしょう。逆に、定期試験以外でそれらの知識を全く活用しないのであれば、赤点を取らない程度に勉強するだけで構わないと思います。

　僕自身も、世界史は受験で使わないと決めていました。なので、世界史を勉強するための時間は他教科の勉強や、友人とゲームをする時間にあてていました。そして、赤点をギリギリ免れる程度の点数で高校生活をしのいでいました。
　勉強のどこにメリハリをつけるのかも、優先順位をつければはっきりするはずです。そして遊びが優先順位の上位に位置するなら後悔しないくらいしっかり遊び、幸せになるために、勉強すべき期間は集中して取り組めばいいのです。

　次に、「大学受験の直前期に彼氏・彼女を作るか」という問いがあったとします。

僕はそこで「必ず勉強を優先しろ」とは言いません。どちらの選択肢をとるかは、ゴールを考えたときの優先順位次第です。

たとえば、「人をこんなに好きになることは今までなかったし、これからもないだろう」や、「今を逃すと相手が海外に行ってしまい、数年会えなくなる」といった状況だとします。

第一志望の大学への合格よりも、その相手と一緒にいることの幸福度が高ければ、付き合った結果、受験がうまくいかなかったとしても、幸せになれるはずです。もしくは、「この人と結婚して幸せな生活を送りたい」と思えるなら、勉強に集中していい大学へ行き、年収が高い仕事を目指すのも幸福を最大化する道でしょう。

このように人生で迷うことがあれば、しっかりと**どちらが自分にとっての幸福かを考えて優先順位をつければいいのです。**

3 複数の物事を両立させるには?

医学部に通いながら司法試験に合格したからか、「複数の物事を両立させるコツ」について、質問を受けることがよくあります。

この質問への答えは実に単純で、**「優先順位をしっかりつける」**ということに尽きます。すなわち、**「両立させること」**と**「どっちも全力でやること」**は違うのです。

僕が医療弁護士になりたいと思い、司法試験の勉強を始めた

とき、「医学部の勉強は、単位を取れるギリギリでいい」と割り切っていました。逆に、司法試験の勉強には、そのとき自分が割けるほぼすべての労力を割いていました。これは、医学でA評価を取るよりも、ギリギリの成績で医学の試験をパスして、司法試験に合格する方が圧倒的に幸福になれると思ったからです。

さて、結果はというと、僕が今考えられる最大の幸せは手に入れることができたと思っています。「司法試験に受かったから、そんなの結果論だろう」と言われるかもしれません。しかし、仮に落ちていたとしても、それでも幸せだったと思います。

もちろん悔しさは残ったかもしれませんが、「これだけ自分は頑張れるんだ」という達成感と自己肯定感。そして、「いろいろな人に支えてもらってありがたかったな」という感謝の気持ちに満たされていたでしょう。それはそれで、とても幸福なことではないでしょうか。

重要なのは、**幸福を最大化してくれるであろう選択を、考え抜いたうえでする**ことです。

そして実は、その選択において「押さえるべき勘どころ」を見抜く力は、普段の試験勉強を通して磨かれていった気がしています。というのも、出題範囲に優先順位をつけることで「点数の最大化」を目指すという点が、「幸福の最大化」で意識することと酷似していると言えるからです。

僕は試験のたびに「いかに点数を最大化するか」を意識して、

その都度、不要なところは容赦なく切り捨ててきました。その取捨選択は当然外れることもありましたが、その失敗を通してPDCAサイクルを一つ一つ回していったので、結果としてみるみるうちに勘どころが磨かれていきました。

このように、日々の何気ないことも、意識してみるといろいろな能力の向上につながっているのです。

4 優先順位はどんどん変えていこう

優先順位の考え方でもう1つ大事なのは、**「状況に合わせて優先順位をどんどん変える」**ことです。

たとえばあなたの目の前に「読書」と「大学受験の勉強」の2つの選択肢があるとします。どちらも人生の幸福の増大に寄与することは間違いありません。読書はあなたより先に学んだ人の知恵を学ぶという意味で間違いなくプラスになりますし、大学受験の勉強も、明らかにプラスになるでしょう。

この2つのうち、どちらを選択すべきでしょうか？　もちろん答えは人それぞれでいいのですが、おそらく大半の人は、今絶対に読まなければならない本でない限り、大学受験の勉強の方が重要だと思うのではないでしょうか。

しかし、勉強していくうち、「大学受験の勉強は終わったし、過去問を見ている感じだと、もう受かりそうだな」というレベルまでたどりついたとしたら、話はどうなるでしょうか。「大

● CHAPTER 1 ●
勉強効率を極大化する
モチベーション講義

75

学受験の勉強」の大きな目標の１つである「大学に受かる」ことがほぼ見えたのなら、その瞬間から優先順位に変動の起こる可能性が出てきますよね。

　大切なことは**初めに決めた優先順位に固執せず、メリットとデメリットを常に意識して、その場その場で選択をしていく**ことなのです。

05 | この章の最後に

　大変長くなりましたが、この章ではモチベーションを保つための3つの方法と、常に意識したい「幸福の最大化」についてお話ししました。

　どんな境遇に立たされたとしても、モチベーションを保てるかどうかは結局のところ自分次第なのです。考えて考え抜いて、後悔のない人生を歩んでいただけたら、僕もお話しした甲斐があります。

　勉強法の本なのに、少々大袈裟過ぎるでしょうか……（笑）。

　さて、先ほどご紹介したDMには続きがあります。あらためてこのDMの全文を掲載し、この章を終わりたいと思います。

「○○大受けた者なのですが、だめで、後期の△△大学に行こうと思っています。浪人も考えましたが、なにせメンタルが豆腐なので1年間泣きながら勉強するのはもたないと判断しました。（河野さんからしたら、こんなの考えられないかもしれませんが、、）

**　それで、もう今潰れそうです。励ましてくれる友達、応援してくれる親もいますが、私は元気で大丈夫なふりをしてしまい**

● CHAPTER 1 ●
勉強効率を極大化する
モチベーション講義

77

ます。○○大合格できなかったの悔しいなあ、情けないなあ、とか、思って。合格した人が、周りみんなにおめでとうって言ってもらえて、親にも勉強を教えてくれた友達にも、応援してくれた人にも恩返しができたはずなのになんで落ちちゃったんだろうって思います。学校で残って勉強してたとき、友達と楽しそうに話してあまり勉強してなかった子（ように見えただけ？）が□□大に受かってて、なんで私はーって思いました。Twitterとかでどこどこ大合格、とか、春から～大とか、そういうのを見て、つらくなるし、素直におめでとうって思えない自分も、すさんできていて嫌です。

　でも！！！　△△大学から○○大の大学院に行ってる人30人くらいいるらしいです。大学院に行かないとしても、ちゃんと勉強すればいい就職先にだっていけます！！　こんなの負け惜しみでしかないかもしれないけど、自分で納得の行く決断と、自分の好きになれる人生を生きます！！　桜は咲かせられなくっても、自分だけのもっときれいな花を咲かせます！！」

　誰がなんと言おうと、この方はきっときれいな花を咲かせることでしょう。

Chapter 2

「逆算勉強法」のススメ
—— 目的からの逆算で、
　　最速の勉強を設計する

01 効率を極限まで重視した「逆算勉強法」

　この章では、**やるべきことを明確化して一切の無駄を削ぎ落とすことのできる「逆算勉強法」**についてお話ししていきます。

　具体的には、「逆算勉強法」がなぜ必要なのか？　どうして効率がいいのか？（→01　効率を極限まで重視した「逆算勉強法」）について述べていきます。

　そして、逆算勉強法を用いた勉強のスケジュール設計法や、注意点など（→02　逆算勉強法の具体的方法）についてお話ししていきます。

　「逆算勉強法」がどんなものかというと、簡単に言えばたったの3つです。

①目標を立てる（例：6月15日の試験で満点を取る！）
②目標を分析したあと、それに向けておおまかなスケジュールを作る
③おおまかなスケジュールを細かく分け、タスクベースとその日1日の目標を作る

　こうして大きな目標から逆算してスケジュールを作ると、ブレない計画を立てることができます。

80

図3:「逆算勉強法」を簡単に言うと…

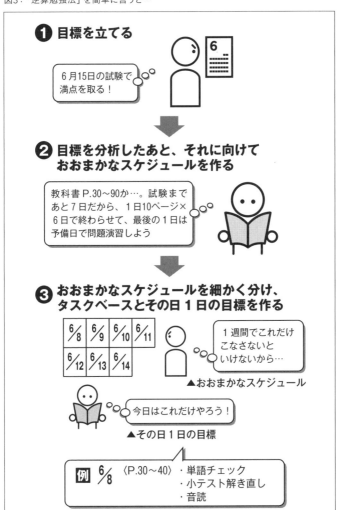

「こんなに勉強しているのに、成績が伸びない」という方の多くは、「つい目標と関係ないことに熱中してしまっている」からなのです。だからこそ、常に目標を意識したスケジュールを組むことが大切です。

「最小限の労力で最大限の成果を発揮することを目指す」のが**逆算勉強法**なのです。

そもそも、なぜキッチリとスケジュールを作らなくてはならないかといえば、**試験本番までに使える時間が限られているから**です。もしも無限の時間があれば、逆算勉強法なんて必要ありません。

しかし残念なことに、人生は限られています。人生は、寿命を全うできたとしてもおよそ3万日しかなく、僕たちが1日に使える時間は24時間しかありません。その24時間で費やすことができる労力も限られています。

1日に8時間は眠りますし、トイレやお風呂、食事の時間も必要です。そして人間だからこそ、息抜きの時間もほしい。そう考えると、純粋に勉強するための時間はどれほど残るでしょうか。

だからこそ、その**限られた時間を計画的に使えるかどうかが、目標を達成できるかに大きく影響してくる**わけです。

また、難しい目標になればなるほど、効率がものをいうようになってきます。たとえば司法試験は、法学部で何年も勉強してきた人が多数受験します。そういう人たちが限られた枠を争うわけで、単に時間をかけても勝てるとは限りません。だから、

同じ時間で何倍も勉強するテクニックが必要なのです。

これは何も難関試験に限った話ではなく、たとえば普段あなたが定期テストで10点台ばかり取っているのに、「次の定期テストでは全教科50点を取れ」と言われたら、非常に難しい目標になりますし、限られた時間で効率的に勉強する必要性が出てきます。

人によって「難しい目標」が何かは異なってきます。そして**逆算勉強法は、どんな人の「難しい目標」にも使えるテクニック**なのです。

では、なぜ逆算勉強法が時間効率のよい勉強法なのでしょうか。それは、**目標を達成できるかどうかは「どれくらい頑張ったか」と「どの方向に向かって頑張ったか」の2つで決まり、逆算勉強法は、その方向性をゴールにしっかりと合わせることができる**からです。

まず、「どれくらい頑張ったか」。たとえばゴールを「試験の合格」にするのであれば勉強時間が、「腹筋を割る」にするのであれば筋トレをした時間がそれにあたります。そして、「どの方向に向かって頑張ったか」は、努力の中身がいかに目標へまっすぐ向かっているかです。

次ページの図4を見れば、間違った方向へいくら努力しても、成果が出ないことはわかるかと思います。また、どれだけ正しい方向へ進んでいたとしても、わずかしか勉強しなければ成果

● CHAPTER 2 ●
「逆算勉強法」のススメ
——目的からの逆算で、最速の勉強を設計する

83

図4：目標に対する結果は、努力の方向性とかけた時間の量で決まる

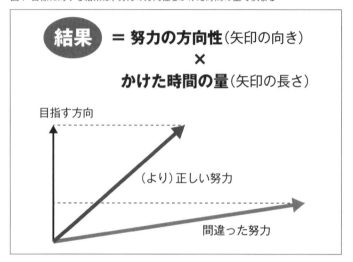

は限られます。

　このように、**勉強は「どれくらい頑張ったか」と「どの方向に向かって頑張ったか」のかけ算で結果が変わります**。どちらか一方が欠けても、結果につながらなくなるということは覚えておいてください。

　ここで具体例を1つ挙げましょう。あなたが大学入試のために英語を勉強するとします。そのために英単語を覚えようと辞書を片っ端から読んでいくのは、「受験合格」という目標から逆算するとどうでしょうか？

この方法でもいつかは合格できるかもしれませんが、試験に
出ない単語も片っ端から覚えることになるため本番に間に合わ
ないかもしれません。

　それよりもまずは、「きっと出るだろう」とわかっている単
語を完璧にして、それから「もしかしたら出るかもしれない」単
語をしっかりと覚えていった方が最小限の労力で挑めます。単
語以外においても、たとえば過去問を見て文法問題よりも読解
問題を重視していることがわかったとしたら、最低限の文法を
押さえたあとは文章を読みまくる方がよいでしょう。
　これが「正しい方向へ努力すること」です。

「大学入試の英語」というわかりやすい目標があるときですら、
スケジュールがなければ効率の悪い勉強法を選んでしまいかね
ません。だからこそ最初に「何が目標なんだっけ？」とゴール
を見極めてスケジュールを組む必要があるのです。一度立てた
目標を忘れないよう、ノートに書いたり貼っておいたりするな
どして常に意識できるようにしておくとよいでしょう。

　そして再三になりますが、先の大学入試の英語の例で言えば、
単語を「しっかりと覚え」て、文章を「読みまくる」のです。
しっかりと量をこなして初めて目標を達成することができます。

　僕が医学部と両立させながら短期間で司法試験に合格できた
のも、ゴールに向かって正しい努力をしていて、かつ、少しでも
多くの勉強時間を捻出するという2つの条件が揃ったからで

● CHAPTER 2 ●
「逆算勉強法」のススメ
── 目的からの逆算で、最速の勉強を設計する

85

した。どちらか一方でも欠けていたら、よほどヌルい目標でない限り達成は難しいでしょう。

　この逆算勉強法はゴールへ一直線に進むためにやるべきことが明確になるという点で、勉強時間が無駄にならない効率のよい勉強法なのです。それでは早速、逆算勉強法の具体的方法やその注意点について見ていきましょう。

02 　逆算勉強法の具体的方法

　ここからはさらに深く「逆算勉強法」の解説に入りたいと思います。

　逆算勉強法は、

　　①目標を知って具体的なゴールを設定する

　　②ゴールまでにやりたいことを決める

　　③やるべきことをスケジュールに落とし込む

　　④実践する

　　⑤進み具合を定期的に確認する

の５ステップで構成されています。それぞれのステップについて順に説明していきましょう。

ステップ 1　目標を知って具体的なゴールを設定する

　先の文章でもご説明した通り、「逆算勉強法」はとにかく効率を重視する勉強法です。その効率を上げるためには、**「目標を知って具体的なゴールを設定する」**ことが最大の鍵となります。

　さて、ここからは具体的に、大学入試に合格することを目標

● CHAPTER 2 ●
「逆算勉強法」のススメ
——目的からの逆算で、最速の勉強を設計する

87

とする場合を考えていきましょう。「具体的なゴールを設定する」とは、「実際に自分はどの試験で何割の点数を取るのかを決める」ということです。

　あなたの目標とする試験では、なんの科目が出題されて、満点中何点取れば目標は達成できますか？　まずはここから考えてみてください。満点が100点でも、50点で合格できるテストなら100点を取る目標を立てることはありません。50点から上の部分は「趣味」として割り切って、極めたければやればいいのです。

　もっとも、50点が合格点だからといって50点を目標にしてしまうとややリスクが大き過ぎます。というのも、「このくらいできれば50点取れる」という感覚は信憑性に乏しいからです。記述式の試験で自己採点と結果が全然違った経験はありますよね。

　そのため、リスクと効率を総合すると、**ゴール設定は「取らねばならない点数より、負担になり過ぎない程度に余裕を持った目標値に設定する」**ことが最良ということになります。そしてこの**「負担になり過ぎない程度に余裕を持った目標値」を定めるためには、ある程度目標について知らなければなりません。**

　そこでまず、何日程度の時間をかけることができるのかが重要な考慮要素になるので、その目標を**いつまでに達成しないといけないのか**を必ず確認しましょう。今回の具体例でいうと試験日ですね。

　次に、大雑把に試験範囲を洗い出します。試験に出題される

科目を把握したら、「どの範囲が出るか」を見てみてください。たとえば数学なら「数学Ⅰ・A・Ⅱ・Bが出るんだな」という具合です。その際、もう少し踏み込んで試験範囲のもくじを見て、**全体のなんとなくの量感**を摑めるとよいでしょう。

　試験範囲がわかったら、今度は**どれくらいのレベルまでやり込む必要があるか、なんとなくの質感**を摑みましょう。

　たとえば社会で言えば、「基本的な単語さえ覚えればあとは流れを押さえればよい」のか、それとも「細かい単語の暗記までが問われている」のか。この「どこまでやり込む必要があるか？」は、過去問を「サラッと眺める」ことで把握できます。そしてこの過去問を眺めた際に「これはちょっと頑張ればいけるな」と感じるか、「全然わからない、答えを見てもわからない」と感じるかによって、**ゴールまでのなんとなくの距離感**もわかります。

　このように、もくじや過去問を見てみることによって、**全体のなんとなくの量感と質感、そして自分の現状とゴールの距離感を摑み、その距離をいつまでに埋めなくてはならないのかということを総合考慮して、自分なりに目標値を設定することが最初のステップ**です。他には、科目別の合格者平均点をチェックすれば、合格者がどこで点を取っているかがわかり、点の取りどころを判断する材料になるでしょう。

　なお、この目標値は現状限られた情報のなかで立てたものなので、当然深く勉強を進めていくうちに臨機応変に変化させるものです。そのため、あまり意識し過ぎなくても大丈夫です。

● CHAPTER 2 ●
「逆算勉強法」のススメ
——目的からの逆算で、最速の勉強を設計する

89

ところで、「今すぐ点数を30点アップさせなくちゃ」といったハードルの高い目標を出されたとき、誰もがやりがちなミスの1つに、「過去問をひたすら解きまくる」ことがあります。これは大学の定期試験などでしばしばある、「過去問の使い回しが多い場合」でない限り、過去問と全く同じ問題は基本的に本番で出てこないため、やり込んでも無駄になってしまうことが多いです。

過去問は、逆算勉強法においてスケジュールを立てる前に「どんな問題が出るのか」を知る道具ではありますが、そのままそれを漫然と解いても点数アップへはつながりません。過去問を見るのは「ふーん、この範囲に高得点が出るのか。じゃあこの範囲を最初にやろう」+「こういう能力が求められているのか」と考えるために使ってください（なお、入試直前期には時間配分の確認のため使うことも可能です）。

このように、**目的はなんだったかを常に念頭に置き、その目的に沿った使い方をする**ことは、すべてに共通して重要です。

ステップ2 ゴールまでにやりたいことを決める

具体的なゴールが決まったら、次はゴールまでにやりたいことを決めましょう。たとえば、試験日までにどの参考書をどの程度終わらせて、どの模試を受けるかや、どの予備校に行くべきか、あるいは行かないべきかということを決めることなどがこれにあたります。

1. まずは「人に教えてもらえ」

　それでは、ゴールまでにやるべき参考書は一体どれなのでしょうか。これについては、勉強を始めていないのに自分でわかりようがないですよね。

　そういうときに僕がオススメしたい手段は**「自分よりゴールに詳しい人に教えてもらう」**ことです。

　これは合格者や先生のように、そのゴールまでの道のりをよく理解している方に直接取り組むべき参考書を教えてもらうということです。

　「人に教えてもらう」ことのメリットは、時間を大幅に短縮できるうえ、信頼性の高い情報が手に入ることです。これまで進んだことのない道を想像して自分だけですべきことを見極めるのは、どうしても時間がかかってしまいます。しかし、**すでにその道を熟知している人に教えてもらえば、何をすべきか一瞬でわかる**のです。しかも、自分一人の力で見極めたものは間違っている可能性もありますが、合格者に聞けば、少なくとも試験に合格できた信頼性の高い情報を教えてもらえるのです。

　誰に質問するかは、**「合格者など優秀そうな人が、優秀だと指名した人に聞く」のがベスト**でしょう。

　理由は、実績のある人の質の高いフィルターにかけられて残っている人は、それだけで説得力が高いからです。お肉屋さんの言う「あの店のお肉はおいしい」の信頼度が異常に高いのと同じです。

● CHAPTER 2 ●
「逆算勉強法」のススメ
—— 目的からの逆算で、最速の勉強を設計する

91

もちろん合格者本人に聞くだけでも十分です。少なくとも、自分で決めるよりも質の高い情報が得られます。

　そして、人に話を聞くときは、**その内容をより正確なものにするために、複数の情報源から総合的に判断すること**が大切です。

　1人だけの情報ですべてを決めてしまうと、万が一その情報がズレていた場合はダメージがとても大きくなってしまいます。しかし、複数人から話を聞いて腑に落ちるところとそうでないところを見極め、総合的に判断すれば、「この話はさっきの人も言っていたから信憑性が高いな」とか、「この話はみんなの話と比較するとつじつまが合わないから怪しいな」などとリスクを回避できるのです。

　大切なのは、**アドバイスすべてを鵜呑みにするのではなく、自分なりに腑に落ちるところを参考にしてそれをとことん極める**ということです。

　そしてこのことは、受けるべき模試や行くべき予備校を決めるときも同様です。どの模試を受けるべきか、どの予備校に行くべきかは先生や合格者に聞くのが最もよいのです。しかし、予備校のチューターなどは、立場上自分の塾の模試を薦める可能性が高く、学校の先生は「授業をしっかり聞いていれば大丈夫」などと言うことでしょう。このような「自分贔屓バイアス」がかかってしまう可能性を念頭に置き、「そのアドバイスは本当に説得力があるか。実績はあるのか」などを考慮しなければなりません。

さらに今の時代、優秀な人の受験記本やTwitter、ブログの投稿などを活用することができます。直接先生や先輩方に聞いた情報以外にも、こういったものも参考にするとよいでしょう。

2. 得られた情報をもとに本当にするべきことを絞る

さて、いろいろな情報を総合すると、やるべきことがかなり膨れ上がってしまうかもしれません。

ここで、「みんなが薦めてくれた参考書をすべてやればいいんだ」と考えるのは得策ではありません。なぜなら、すべての参考書をやるのは時間がかかってしまうからです。そして、時間内にすべてを終わらせようとすると「手の広げ過ぎ」になってしまいます。参考書の理解が不完全のまま先に進んでも、結局それは「自分が本当に使える力」になりません。半分の理解度の参考書を3冊揃えるよりも、1冊の参考書を完璧に理解する方が、点数に直結します（これについて、各参考書の理解している内容が重複する傾向にあることや、体系的な理解が疎かになりやすいことなどが理由として挙げられます）。

すなわち、この時点でこれらの参考書などに優先順位をつけなければなりません。

それでは、たくさんある「やらねばならない参考書」に対し、どのように優先順位をつけるべきでしょうか。これもまた優秀な人に聞くとよいのですが、ここで僕が思う参考書選びのポイントを2つご紹介します。

1つ目のポイントは**「網羅性」**です。参考書のうち、最低1冊は全情報を網羅してくれるものを選ぶとよいでしょう（もっとも、その網羅された情報にも、自分でさらに優先順位をつけましょう。これについては後述します）。全情報が網羅されている参考書を使わなければ、「これだけやっても不十分なんだよなぁ」といった不安感にかられ、「あれもこれも」と他の参考書に目移りして手を広げ過ぎてしまうことにつながるからです。

　参考書の多くは概ね重複しているので、「足りない部分を補う」ために他の参考書に手を出すと、「理解している部分」も一から読まねばならなくなるおそれがあり効率が悪いのです。こういうことを避けるためにも、**「網羅性のある1冊」を選んだうえで、重要度が高かったり見落とされがちだったりする範囲に絞られた問題集などを追加していくのが賢明**でしょう。

　2つ目のポイントは「迷ったときは合格者の多くが使っているものを選ぶこと」です。

　その理由は、多数の合格者を出していたり、卒業生の多くが称賛していたりする参考書ならば、少なくともハズレを引く可能性は少ないからです。そして、それがハズレだったとしても、みんなもやっている以上「周りに差をつけられるわけではない」のです。逆にあまり周りの人がやっていないことばかりやると、それがハズレであったときに周りに差をつけられてしまう可能性が高いのです。

　これを予備校に適用するのであれば、「業界大手を選ぶ」のが無難でしょう。僕も司法試験を受けるときは業界最大手といわれる予備校に入りました。もしかしたら他の予備校を選んだ

方がよかった可能性もありますが、「少なくともハズレではなかった」ということは断言できます。

　大手を選ぶ他のメリットとして、もし入学してその塾の弱点を知ったとしても、大手であれば卒業生もいっぱいいるので、弱点を補って合格につなげた先輩からフォローの方法を教えてもらいやすいということもあります。

3. 自己投資はケチるべきでない

　ここで参考書選びや予備校選びにおいて注意しなければならないことがあります。それは、金銭的な理由からどうしても払えない場合でない限り、「値段が高いことを理由にして選択肢から外さない」ことです。

　これは一般化すると「自己投資をケチるな」ということになります。どんなに高い本でもそれほど高価ではありません。医学書でも大体数万円くらいでしょうか。数万円と聞いて「いや、高過ぎだって！」と思うかもしれません。僕もそう思います。

　しかし、実際その本を読むことによって幾分か優秀な人になれるのであれば、その程度のコストは将来的にすぐに回収できます。その本を読むことによって仮に年収が1,000円しか増えなかったとしても、約40年間働くことを考えたらいつかは確実に元が取れるのです。

　自分の能力さえ高めればお金はあとでいくらでも稼ぐことができるのに、そのお金をケチってしまったがばかりに自分の能力を高められず、結果的にお金が稼げなくなってしまうのはい

かにも本末転倒だと思いませんか？　また、「他にいい参考書があるのにお金のために仕方なく選ばざるを得なかった参考書」で勉強しなければならないときに、果たしてモチベーションを保つことができるでしょうか。高い買い物をした場合の方が「せっかくお金を払ったのだから少しでも吸収しなければ」という思いで勉強するので、勉強効率において雲泥の差が生まれることでしょう。

　ただし、高価な買い物は（特に予備校選びに関しては）失敗して無駄にしてしまうことがないようにしなければならないので、前評判や頼れる先輩の意見などをしっかりと聞いてから慎重に決めましょう。

ステップ3　やるべきことをスケジュールに落とし込む

　さて、ゴールまでにするべきことが決まりました。次のステップは「やるべきことをスケジュールに落とし込む」ことです。ここでは、「大体いつ頃までにこの参考書を終わらせたい。だから今日は大体これくらいのことをできたらいいな」という「To Do リスト」を決めることです。

　まずは「この参考書は2週間くらいでこなす、その次はこの参考書と問題集を同時並行で1カ月くらいかけてこなす」といった参考書単位でのアバウトなマイルストーンを立てましょう。

　初めて開く参考書は、そのボリューム感だったり読むことのできるスピードだったりを正確に判別することができません。

そのため最初はあまり細かく詰める必要はありません。かなり大雑把にスケジュールを立てて、あとは実践しているうちに見えてくる自分の実力、参考書の難易度やボリューム感から必要な時間を予想して適宜修正していく方法がオススメです。

そして、日々の勉強できる時間に応じて「今週はいっぱい勉強ができる日だから、200ページくらいこなそう」「今日は予定があるので10ページくらいしかできそうにない」といった具合に**週や日ごとのタスクへ落とし込んでいきます。**

自分でメリハリをつけながら進んで「あれ、ここにそこまで時間をかけなくてもいいな」「ここはもう少しじっくりやらないと、自分では理解できないな」など、修正していけばよいのです。

また、Chapter 1の「勉強のゲーム化」のところですでに少し触れた通り、「To Doリスト」のポイントは「タスク項目を細分化する」ことでチェックを入れる頻度を上げて、「コレクター心」をくすぐることでしたね。そして、注意点としては、チェックはあくまでも「自分の頑張りを可視化するためのもの」であるから「チェックリストが全部埋まらなくても気にしない」ということでしたね。

スケジュールをこなしていくと、予定通りにタスクを消化できない日が必ずやってきます。人は常に健康とは限らないし、欲望に負けてしまう日もあります。僕も寝過ぎたりダラダラしてしまったりすることもありました。そうなっても「勉強を途中でやめないこと」です。なぜなら、投げ出したら努力がすべ

● CHAPTER 2 ●
「逆算勉強法」のススメ
──目的からの逆算で、最速の勉強を設計する

97

て水の泡になってしまうからです。投げ出さずに続ければ遅れ
は出ても、目標へ一歩一歩近づくことができます。しかし「も
うダメだ」と言ってしまえばそれまでです。

　もしあなたの友達がダイエットをしていて、「今日アイスを
食べたからもうダメだ、ダイエットは無理なんだ、だから今か
ら焼きそばを5人前食べる」と言いだしたら、これまでの努力
が無駄になるよと止めたくなるでしょう。勉強も同じです。1
日遅れたところで、全体から見ればそれほど大きなミスではな
いこともあります。続けることだけを考えて、遅れても落ち込
まないでください。

　すなわち、**「この経験を生かして次につなげよう！」と気持
ちを切り替えることが重要**です。しっかりと失敗を分析して
PDCAサイクルをまた1つ回せば、その失敗もかけがえのない
人生の糧になるのです。

ステップ4 実践する

　このステップの重要性については言わずもがなですね。最終
的にはどれだけ実践できるかどうかが勝敗を分けます。

　本書のようないわゆる勉強本は、「勉強の仕方」などはたく
さん学ぶことができますが、それはすべて「勉強することを前
提としている」のです。また、先述したように目標を達成でき
るかどうかは、「どれくらい頑張るか」と「どの方向に向かって
頑張るか」の2つで決まるので、当然勉強量は重要なファク
ターとなってきます。向かう道は正しいのに進む距離が短けれ

ばゴールに到達できないのは言うまでもありません。

　さて、「勉強の量」は大事であるということは大前提として、ここではすべての勉強に共通する勉強法（＝「勉強の質」の高め方）について、「全体像を意識すること（→ 1.〜 4.）」と「アウトプットの重要性（→ 5.〜 6.）」に分けて述べていきます。

1. 全体像を意識することの重要性

　突然ですが、RPG（ロールプレイングゲーム）をやったことがある方なら、地図（マップ）の重要性をご存じでしょう。RPGとは、主人公になりきって冒険することで悪い敵を倒して世界を救ったり、恋人を救ったりするゲームです。

　一般的なRPGでは「世界地図」と「今自分が歩いている周辺の地図」の２つを切り替えることが可能となっています（図5参照）。この２つの地図を駆使することで、スムーズに目的の町に行くことが可能となります。

　それでは、このRPG内で「世界地図」は見られず、「今自分が歩いている周辺の地図」のみしか見られない仕様になっていたらどうでしょうか。「Aという町に行ってください」という目的地を示されたときに、「いや、どこやねん！」と思ってしまうのではないでしょうか。

　また、世界地図がないと目的地までの距離感がわからないので、彷徨っているうちに「本当に目的地までたどりつけるのだ

図5：世界地図と現在地の地図

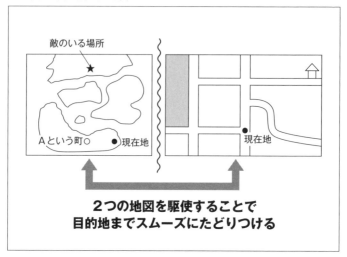

ろうか」と不安になるのではないでしょうか。

　さらには、以前通ったことがある町に戻るときですら、どのように戻ればいいか思い出しにくいということも重要な点です。もちろん、実際に歩きながら「あー、こういう道あったな。確かこのときはこっちに進むんだっけ」というようにたどっていくことは可能かもしれませんが、行き当たりばったりで不確実としか言いようがありません。そのときに「世界地図」さえあれば、地図であらかじめ確認してから進むことで、自分が今どこにいるのかがわかるし、地図を見ながら元来た道を思い出すことが容易になるのです。

　このように「世界地図」の存在は、次の町に行くためにも元来た道をたどるためにも重要なのです。

このことは勉強でも同じで、「自分が今勉強している箇所」にのみ目を向けるのではなく、「全体像」と「それが全体のなかでどういう位置づけ」なのかを意識することで、勉強の効率は格段に上がります。

それは日本史のような「一見暗記科目と思われがちな科目」においても同様で、何も理解していない状態で単語を片っ端から覚えるのではなく、教科書などでおおまかな全体像を摑んでから細かい知識を頭に入れることが重要なのです。

2. 全体像を意識することは「幹」を意識すること

全体像を意識することは重要だということはわかっていただけたと思いますが、それでは全体像を意識するとはどういうことでしょうか。

ここで、勉強しなければならない全範囲を「一本の木」にたとえていきます。

その木には「幹」があって、いろいろな「細かい枝葉」がくっついています。この「幹」は「重要部分のみを一貫したストーリーのなかで説明したもの」であって、「細かい枝葉」は「試験の出題頻度が低いマニアックな知識」など幹以外の部分すべての知識のことです。

そして全体像を意識することは、**この「幹」を見極めてそれを育てること、「細かい枝葉」を勉強するときは幹のどの部分から派生しているのかを意識すること**なのです。すなわち、この

「幹」をいかに育てるかが重要になってくるのです。

「幹」を作るうえで必ず意識してほしいことは、個々の情報がしっかりと「ある関係性のなかでつながっている」ストーリーになっている点です。すなわち、**要するにこういうことである**と「**一貫したストーリーのなかで**」まとめて重要部分を説明できるような物語が「幹」なのです。

　四則演算でたとえてみましょう。四則演算を「足し算と引き算と掛け算と割り算がある」と説明しても、それはただ単元を羅列しただけで「うん、だから何？」という反応が返ってくることでしょう。

　それでは「一貫したストーリー」を作ってみます。「足し算は数を合わせることを意味する演算で、その対となる概念に引き算がある。そして、その足し算を繰り返すことを簡略化したものが掛け算で、その対となる概念に割り算がある」といった具合でしょうか。このように複数の情報を列挙するだけでなく、それらの関係性までわかるものが「幹」なのです。

　四則演算だとありがたみがわかりにくいと思うので、力学でもたとえてみましょう（物理を選択していない方は理解しにくいと思うのでサラッと目を通すだけで大丈夫です）。
「力学には運動方程式、運動量保存の法則、エネルギー保存則がある。単振動とか円運動などもある」と説明しても、それぞれのつながりが一切ないので実際に問題で使いこなすことはできないでしょう。人に説明できないことは、自分でも理解できていないことが大半なのです。

さて、ここで力学のストーリーを作ってみます。

「力学には運動方程式という物体の動きに関する絶対的なルールがあり、すべての物体の動きは運動方程式（と束縛条件）を立ててその式を解くことさえできれば求められるのである。

　そして、運動量保存の法則とエネルギー保存則は運動方程式を変形して導出される式に過ぎない。

　すなわち、運動方程式の代替に過ぎない。これらの式の出番は運動方程式を立てて解くのが困難な場合である。特殊な物体の動きとして単振動と円運動があるが、結局はどちらも運動方程式を解くだけである。円運動は運動方程式を立てる座標軸が特殊なため、出てくる式の形が特殊になるだけであって、本質は変わらない」

　と、ある関係性のもとでつながったストーリーでひと通り説明できればどんな問題でも解けるようになるはずです（物理選択の人でも理解できなかった人は多いと思います。しかし、少なくとも難関大学志望の方は、このレベルまで理解できるよう努めましょう。その際はChapter 3の勉強法を参考にしてください）。

　ストーリーになっている「幹」をこのように押さえていけば、試験に必要な内容を無駄なく、かつ、効率よく学習できます。ですので、教科書すべてを頭から大まじめに勉強するよりも時間を大幅に短縮することができるのです（これについてはすぐあとで詳述します）。

　しかも、「細かい枝葉」をつけるときも、ストーリーになっている「幹」さえ押さえていれば、関連する「枝葉」をくっつける土台ができ上がっているので、「枝葉」を覚えやすくなります。

● CHAPTER 2 ●
「逆算勉強法」のススメ
――目的からの逆算で、最速の勉強を設計する

103

この「枝葉」を勉強する際は、必ず「幹」のどの部分に関連するものであるかを意識（これが全体像を意識するということ）するようにしましょう。

　よくやってしまう勉強の失敗例に、「枝葉を中心に細かく勉強する」というものがあります。

　教科書はすべての知識が網羅されているゆえ、その科目の重要な知識と、試験ではそれほど重視されない知識とが、メリハリなく混在しています。そして、試験範囲に書いてあるからといって「全部が平等に出題される」テストはほとんどありません。定期テストでは先生が好きな部分は選ばれやすいでしょう。受験でも全部が満遍なく出るのではなく、出やすい問題とあまり選ばれないものがあります。

　すなわち、教科書を勉強するだけで「木」を育てることができる一方で、教科書には試験に合格する最低点には必要ない「枯れ葉」の情報も大量に含まれています。

　それにもかかわらず「枝葉となる細かい部分」から勉強を始めてしまうと、本当に大事なところを疎かにしてしまって点数につながらないのです。

　たとえば、英語で、文章中に滅多に出てこないようなマニアックな文法ばかり勉強するあまり、実際に文章を読むという最も重要な手順を疎かにしてしまう……といった具合です。

　要は大雑把なスケジュールだけでなく勉強の内容においてもメリハリづけ（優先順位の決定）が必要になるのです。結局すべてのことにおいて効率よく物事をおこなおうと思ったら、優先順位を決める必要があるのです。

「枝葉を中心に細かく勉強する」ことの他の悪い点として、細かい部分にばかり目を向けてしまうと、全体を見たストーリーとしての「幹」を見つけられなくなってしまうことが挙げられます。そうすると応用問題が出るたびにつまずいてしまうのです。極端な話、「過去問と全く同じ問題じゃないと解けない」くらいになってしまいます。しかし、「要するにこういうことでしょ」とつながりを含めて本質を理解できていれば、応用問題にも落ち着いて対処できるようになります。

　以上のように、大量にある必要性に乏しい知識もすべて押さえようとすると、試験までに勉強を終わらせることができないか、体系的な理解が不十分になるかのいずれかになってしまい、せっかく頑張って勉強をしたのに不合格になってしまいます。**木を育てるには、細かい枝葉の部分から勉強するのではなく、幹から押さえる**ことが重要なのです。

　さて、これまでは、全体像を意識することについて、そしてそこで重要となる「幹」について説明してきました。
　次に「幹を作っていく」具体的な方法として、「人に教えてもらう方法→3.」と「自分で幹を作る方法→4.」の2つの方法について説明していきます。

3. 細かいメリハリづけについても人に教えてもらう

　まず「幹」を作る1つ目の方法についてお話しします。先ほ

ども述べた通り、「幹」は勉強内容においてメリハリをつけることと重なってきます。そのため、ステップ2で述べたのと同様に、結局は人に教えてもらうのが手っ取り早いでしょう。

　司法試験のように何度も受けることが珍しくない試験でない限り、人生で受けるほとんどのテストは初受験です。経験のない人が自分の力だけで「これはよく出る」「これは重要じゃない」とメリハリをつけるのはとても難しいことです。仮にできたとしても、それは相当な時間が必要になると思います。
　一方で、すでにテストを経験していてメリハリが身についていたり、メリハリを身につける過程のノウハウを知っていたりする人から話を聞けば、非常に命中率が高く、かつ短時間でメリハリをつけることができます（なお、授業の活用法についてはChapter 3で詳述します）。

　実際、僕が司法試験の勉強を始めたときは、司法試験業界で最大手と言われている予備校に入り、そこでメリハリをつけてもらっていました。その授業内で、教科書に網羅されている膨大な量の情報に、重要度ランクをつけてくれました。
　そして、同じ予備校を卒業して試験に合格した先輩からの「憲法に勉強時間を捧げてもコスパは悪いから、そこに時間をかけるべきではない」といったアドバイスを追加してメリハリをより明確にしていきました。

　一方で、塾の先生だからといって必ずしもメリハリを意識してくれるとは限りません。人に教える立場の人でも、その学問や

分野に強い思い入れがあったりすると、「試験合格という目標を基準としたメリハリ」をつけて教えることから離れて、試験に出ない趣味の領域の内容を強調してしまうことがあるのです。

　実際、僕が司法試験の勉強をしていたとき、教えてくださった先生が憲法に対して強い思い入れをお持ちでした。確かに憲法は立憲主義のもとでは国家の恣意的な権力行使から国民の権利を守ってくれる重要な法と言えるでしょう。そのため、「弁護士になるための教養」として深く学ぶことに一定の意義があると思います。しかし「司法試験の合格」という目標に合わせて試験範囲にメリハリをつけるなら、そこまで時間をかけるべきでない範囲です。

　先生に限らず、自分でもつい勉強していて熱が入ってしまう試験範囲があると思います。しかしそこが出題されやすいかどうかは、話が別です。試験対策をするときは特に「好きなところ」と「出やすいところ」を冷静に分けましょう。好きなところの勉強は、合格してからやっても遅くありません。

　このようにメリハリをつけるアドバイスも、自分が目標とするゴールに合わせて選ぶとよいでしょう。先生によっては「範囲にメリハリなんかつけるな、全部重要なんだから」とおっしゃるかもしれません。その場合、それは先生の目標が「成人までに必要な一般常識を満遍なく学ばせる」ことだからでしょう。しかしもしあなたの目標が「志望校の合格点へ届く」ことなら、満遍なく学ぶことは効率がよくありません。

　先生の目標に沿うことは、志望校の模試でA判定が出てから

● CHAPTER 2 ●
「逆算勉強法」のススメ
——目的からの逆算で、最速の勉強を設計する

107

やってもよいのです。目標の違う人にメリハリをつけてもらうと見当違いな答えが来るかもしれません。そのときは、目標を理解してくれそうな先生や家族に相談してみてください（そして何を始めるにしても自分が初心者である以上、先輩方に教えを乞う謙虚な気持ちを持つことは忘れないでください）。

　すなわち、ここでも大切なことは、**複数の情報源から総合的に判断して、アドバイスすべてを鵜呑みにせず、自分で腑に落ちたところを参考にすること**です。

　この情報源にはいろいろなものがあります。何も先輩や予備校で教わることに限りません。大学受験や司法試験など範囲の広い試験のメリハリづけは、塾の先生や合格者インタビューなども参考になります。合格者がどこを集中的に勉強して合格したかを見れば、メリハリづけの参考となります。先生によっては、定期試験で出すところを教えてくれることもあります。

　たとえば、東大の入試問題は、教科書の範囲から満遍なく出題されます。しかしどこで得点を稼ぎやすいか、どこの範囲がよく出るかはよく分析されています。いわゆる「赤本」にその分析は載っているでしょうし、今ではインターネットで調べればそのような分析はたくさん見つかるので、そういった情報を利用して東大入試や司法試験などのヤマを張ることができます。このようにすれば、目標に最短で近づけるのです（ただし、ネットの情報の信憑性は必ずしも高くはないということには常に注意しておきましょう）。

そして、念のために言っておきますと、調べることに熱中し過ぎないようにしましょう。「○○先生の定期テストはアメリカ史が毎年出るんだ。だからアメリカ史を重点的にやりつつ中国にも目を配り……」とクラスメイトに話すことはできるのに、肝心の具体的な学習内容はさっぱり覚えていないようでは本末転倒です。

　メリハリをつけるための調査に熱中し過ぎず、ある程度重要な範囲がわかったらしっかりと勉強取り組んでいきましょう。

4. 優先順位を自分の力で見極めるのも　　よい方法である

　以上のように「幹を押さえる」には「人に教えてもらう」ことが手っ取り早いでしょう。

　しかしここからは、2つ目の方法である、教科書を読んだり問題を解いたりするうちに自分の力で「幹」を見極めていくという手段もまたよいのだということについて述べていきます。

　さて、この「自分の力で重要部分を見極める」ことのメリットは、幹を見極める能力が磨かれて問題解決能力を高められることでしょう。

　自力で問題を解いて、試行錯誤して、ときには間違いながら幹を見極めていく作業をすることで、本質を見抜く力をつけることができます。そして、それが結果として自己解決力を高めることにつながります。

　自己解決力とは、困難な状況に陥っても、自らの力で解決に

つなげる力です。

たとえば自己解決力があれば、ゲームで攻略が難しいボスに直面したときに攻略本がなくとも自ら倒し方を見つけ出すことができるかもしれません。なかなか振り向いてもらえない異性を振り向かせる方法を思いつくかもしれません。どちらも「要はこういうことで、自分はそれが抜けてたからボス戦で全滅してたんだ！」「これさえ摑めればモテたのに、それがわかってなかったんだ！」という本質さえ見抜けば前へ進めるかもしれないのです。

ゲームや恋愛のみならず、他のどんなものにも本質というものが潜んでいます。**勉強で攻略した経験は、人生のどの局面でも生かせる**のです。これは、だいぶ前に述べた「人生の幸福が最大化される選択をするための勘どころを身につける」ことと大きなくくりで見たら同じことでしょう。

さて、「自分の力で重要部分を見極める」ことのメリットはわかっていただけたと思いますが、「それが難しいから困っている」と思われるかもしれません。これは最終的に、その人の「教科書の内容を要約する力」にかかっており、これは現代文を学ぶことで磨かれていきます（Chapter 4 にて詳述）。

ここで、重要部分を見極めるコツを 1 つ紹介すると、問題を解いていくなかで共通点を見極めていくとよい、ということです。

まずは過去問についてはそれを解けるようになることがゴールです。そのため、そこで頻出のものは当然重要部分に組み込

むべきでしょう。

また、問題集の取り組み方については、たくさんある問題の共通項を見つけることを意識しましょう。誰しも「この問題、前にも見たことある！」と感じた経験があるのではないでしょうか？　このとき私たちは共通点に気づいているのです。そしてその共通点こそがいろいろな問題に横断して重要な内容であることが多いのです。「何が共通点だったのか？」を言葉にできれば、自然と幹へたどりつきます。

幹へ近づくためには、間違えた問題をしっかり分析することが重要です。実際に問題を解いて、間違ったときに「なんで間違ったんだろう？」と、自分なりに納得のいく説明を与えてみましょう。「要はこういうことで、自分にはそれが抜けてたんだ！」と見えてくるはず。それが幹へ近づく第一歩です。

最初はその抽象的なテーマがわからなくとも、問題を間違えて考えることを重ねていくうちに、共通点がはっきりとしてくるはずです。

最後に、「幹」は「AとBがどうつながっているの？」といった視点からストーリーを作っていきます。ドラマのあらすじを、重要なキャラクターと重要な出来事だけをピックアップしながら説明するのと同じように、やってみてください。

5. アウトプットすることは非常に重要である

これまでは「全体像を意識する」ことの重要性について話し

てきました。ここからは、**すべての科目に共通して「アウトプットすることは非常に重要である」**ということについて述べていきます。

　多くの人は勉強するとき、どうしても教科書を目で追ったり先生の授業を聞いたりといった「受動的な学習（＝インプット）」に偏りがちです。あまり頭を働かせず、ぼーっとしていても勉強時間は稼げるので学習した気になれるからでしょうか。

　しかし、何かの文章を何も考えずに棒読みしてもその内容は全く頭に入っていないことは、今実際に確かめてみればわかってもらえると思います。「勉強した気でいる」ことは非常に危険です。

　この「勉強した気でいる」ことを防ぐ最もよい方法が「アウトプットすること」です。

　アウトプットとは、一度吸収した知識を吐き出すことです。人が勉強してからそれを使うまでに、「五感から入力された情報を受け取って（＝インプット）、それを脳が整理して、整理された情報を必要に応じて呼び出す（＝アウトプット）」という３つのステップが踏まれています。具体的には教科書を読むことなどがインプットで、答案に表現することなどがアウトプットです（図６参照）。

　インプットのみでは、最初のステップしか得意にならないので、なかなか受け取った情報を取り出すことができないのです。しかし、アウトプットをすると記憶・理解しているかの確認をしながらすべてのステップが磨かれていくので、頭にある情報

を使用するという目的と照らし合わせて最も効率的だというわけです。

　実際、「アウトプットの学習効率が高い」ことはアメリカのパデュー大学におけるカーピック博士の研究などによって立証されています。
　一般的にインプット2～3割に対してアウトプットを7～8割の割合でおこなうのが最も学習効率が高いと言われています。このくらいアウトプットは積極的におこなっていくのがよいのです。
　それでは次に具体的に3つのアウトプット方法を紹介していきます（なお、3つ目については6.にて記載します）。

図6：インプットとアウトプット

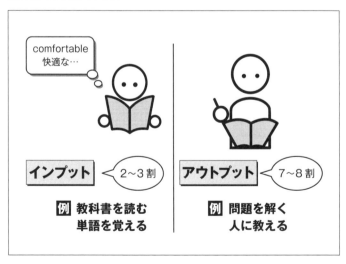

まずアウトプットといえば、実際に問題を解いていくことが非常に有効です。

　やはり多くの人にとって勉強する目的が問題を解くことにある以上、実際に問題を解いてみて初めてその目的を達成するに十分なくらい理解しているかがわかります。

　また、教科書を何回漫然と読んでも、ある知識に対して教科書の切り口でしか理解が深まらないことがあります。問題によって知識に対していろいろな切り口があるため、その知識に対して多角的に見ることができるようになり、理解が深まります。

　たとえば歴史を時代ごとに記載する教科書が多いですが、問題を解くことによってそれを「農業史」という観点などで切り取る見方ができるようになるわけです。

　さらに、同じインプット教材をずっと読んでいると集中力が途切れます。また、1回重要でないと思った情報は何回読んでも重要でないものとして認識されてしまう可能性が高いです。そうすると読み飛ばしがちな部分が出てきてしまいます。

　このような読み飛ばし部分も問題に出てくれば「あー、この情報は問題に出るくらい重要だったのか！」というようにその情報に対する認識が変わります。するともう1回教科書を読んでみると、その部分は解いた問題と共に重要なものとして浮かび上がってくるようになるのです。

　次にインプット用教材を隠してアウトプット教材としても用

いる方法を紹介します。

　たとえば、よく参考書に赤い下敷きがついてきて、赤系のペンで書いたものや緑系のマーカーでマークしたものが見えなくなる仕組みがあります。昔ながらの方法ですが、効果的です。メモを書くだけでも時間がかかってしまうので、個人的にはすべてノートへ書き出すよりも、赤シートでやった方が効率的だと思います。**赤シートで何周かしてみて、どうしても覚えられないものだけをチェックして書き出してみる**というのがよいでしょう。

　ちなみに、インプットとアウトプットを交互にすることは大切ですが、インプットした直後に思い出したり全く同じ問題を解いたりしても「実質的にアウトプットとは言えない」ので注意が必要です。たとえば、単語の勉強をしているときに、単語を見て「consider＝よく考える」と覚えた 0.1 秒後に「considerは？」と自問したらすぐに「よく考える」と答えられるでしょう。でもそれはたった今見たものを読み上げているに等しく、実質的にはアウトプットではなくインプットです。

　このように、一見アウトプットに見えるけれど、実際はインプットになってしまっている罠には気をつける必要があります。このような「なんちゃってアウトプット」で満足せずに、**少し時間を空けたあとにもアウトプットをしてみる**ことを心がけてください。

● CHAPTER 2 ●
「逆算勉強法」のススメ
──目的からの逆算で、最速の勉強を設計する

115

6. 「誰かに教える」というアウトプット方法

最後に、ここで**僕が特にオススメしたいアウトプット方法は「誰かに教える」こと**です。これはつまり、友達に教えたり、後輩に教えたりして、自分が学んだことを吐き出すことによって学習効率が上がるということです。

その1つの理由は、普段から人に教えることを意識して勉強することができるからです。人に教えるときに教科書を一からすべて読み上げたとしたら、教えられた人はどう思うでしょうか。僕だったら「いや、自分で読むのと変わらんやん」と文句を言います。

人に物事を教えるときは、「教科書の重要なところ」をメリハリをつけてかいつまんで「自分の言葉で要約」していくことが重要なのです。みなさんも、「ここは大事だからな」「ここは要はこういうことなんだよ、難しく考えなくていい」と授業にメリハリをつけてくれたりわかりやすく言い換えてくれたりする先生の授業の方が理解しやすく、そしてテスト対策もしやすいのではないでしょうか？ 自分がいい先生になるところを想像しましょう。たとえば、「この章はいろいろ書かれているけど、要は○○は△△っていうことを押さえておけばよくて、あとは××だっていうこともサラッと確認しとけばいいと思う」といった感じです。

このように人に教えることを念頭に置けば**「押さえておくべ**

き内容はなんだろう」ということが意識されるし、その内容を**自分の言葉でわかりやすく置き換えることを意識する**ことができるので深い理解につながります。自分の言葉で咀嚼できないものは本当に理解しているとは言えないのです。

　さらに、**人に教えるという手順を踏むこと自体、アウトプットになる**のです。

　また、教える人はどのレベルの人相手でもよいでしょう。
　自分よりも知識が少ない人、たとえば弟や妹などに教えてもよいです。むしろ、そのような人でも理解できるような平易な言葉で教えられるならば、理解はかなり深まっていると言えるでしょう。
　たとえば呼吸によって取り込まれた酸素がどのようにして体中の細胞に届けられるかについて、小学生に説明できたら、そのことについてはかなり理解が深まっていると言えるのではないでしょうか？

　また、自分よりレベルの高い人に説明するのもよいでしょう。自分の理解が浅い部分を見逃さず、いろいろと教えてくれることでしょう。

　友達に「教えること」に関連して「友達と分担して教え合うことで勉強の効率を爆速で上げる」のもオススメです。
　司法試験中、僕はほとんどの時間を司法試験の勉強に振り分けて、医学の勉強を最小限に抑えていたので、医学の勉強でかなり後れを取っていました。医学の参考書で有名なものに『病

117

気がみえる』（メディックメディア）があります。これは11巻（執筆当時）もあり、さすがに全部押さえるのはかなりの時間がかかります。そこで、同じくらい勉強が遅れていた友達と一緒に勉強することにしたのです。友達と11巻分の本を分担して読み、週3回の勉強会で毎回100ページずつ教え合いました。自分の読んだ内容のうち、重要な部分をピックアップしてメリハリをつけます。そしてメリハリをつけ終わった全体像を互いに教え合いました。

　この方法のよいところは2つあります。

　1つ目は、分担しているぶん、純粋に勉強量が減ることです。本を大量に読むだけでも、時間は過ぎてしまいます。読む時間を単純に減らせるだけでも効率的に勉強できました。

　2つ目のメリットは、教えることで学べる点です。「明日友達に教えなきゃ」と考えながら勉強すると、自然に「大事なところはどこかな」「ここはテストに出ないよな」といった、メリハリを意識します。そして友達も同じように意識して教えてくれます。お互いにメリハリをつけてから教え合うので、効率がアップするのです。

　このように、**他人との分担をうまく活用することで、爆速で遅れを取り戻すことも可能**です。もしこの本を読んでいるあなたの目の前にテストが迫っているなら、友達と試してみてください。

　さて、教えようにも、友達がいない、兄弟もいない……という方も安心してください。教える相手は、何も他人ではなく

「自分の脳内で自分自身に教える」という方法でも問題ないのです。

というのも、普段から「押さえておくべき内容はなんだろう」ということやその内容を自分の言葉でわかりやすく置き換えることを意識しさえすれば、学習効率は変わらないし、自分自身に「メリハリをつけて教える」行為も当然アウトプットになるからです。

自分で「じゃあ○○って何？」と質問しながら答えていくだけでも、十分に学習効果は高いのです。

むしろ、友達と約束を取りつけるのに数日かけるくらいなら、自分の脳内で「教える」「教えられる」演技をした方が効率的かもしれません。

ここで僕のTwitterから過去のツイートを引用します。

勉強は全体像を常に意識して、ひとくぎりしたら人に説明するノリで要約していくのが効率いいはず。暗記科目でもまずは理解に専念して全体像を摑む。説明すると頭の情報が自分の言葉に言語化されるし、要約すると"要はこれだけか"ってわかる。俺も自分の筋肉にマナブ君って名付けて教えてあげてた（嘘）

自分に教えることに関連して、普段の学習において必ずやってほしいことがあります。それは**「読み飛ばし反復学習」**です。

一度勉強した範囲の教科書を開いてください。そして1章分を読み終えたら、もう1回その章を飛ばしながら読んでみましょう。1回読んだ直後であれば、内容の全体像は大体頭に

● CHAPTER 2 ●
「逆算勉強法」のススメ
——目的からの逆算で、最速の勉強を設計する

119

入っていると思います。ですので、30秒もあればその章をおさらいできるのです。しかも、30秒で1つの章をおさらいすると全体像が見えてくるはずです。逆に何時間も1つの章を読んだとしたら、読み終わる頃には初めの方の内容を忘れていることは世の常です。

　ここで大切なのは、しっかり読んでから2度目に読み飛ばすまでの時間を空けないこと。ある程度時間が経過したあとに読み直しても、意外と頭から内容が抜け落ちてしまいます。そうすると全部さらうためには1回目と同じくらいの時間がかかってしまいます。

　繰り返しになりますが、1回目にじっくり読んだ直後に読み飛ばしながらおさらいするなら、**30秒で済ませられます。これなら全体像を意識できるうえに労力もほぼかかりません。**

　ここまで、アウトプット方法を紹介してきました（最後の「人に教える」は多少脱線しましたが……）。「教科書を読んでひと区切りしたら問題集で該当部分の問題を解く」というように、アウトプットもスケジュールへ織り込んでいきましょう。

　このやり方は、予備校の動画授業などでも同様に活用できます。動画を見ているときは、やはり先生の話を聞く受動的な学習ばかりになってしまいます。

　ですから、全体像のメリハリをつけるために、ある程度視聴したら一時停止して教科書やノートにメモをするなり、情報を頭のなかで整理するなりしてアウトプットをしていくと、効果的に学習できます。

ステップ5 進み具合を定期的に確認する

　次のステップは「進み具合を定期的に確認する」ことです。

　ステップ5と言いつつも、このステップはステップ4と同時並行でやっていきましょう。

　このステップでおこなうのは、その名の通り学習した内容がしっかり身についているか確認し、そして自分が立てた計画の方向性が間違っていないかを振り返ることです。

　たとえばステップ1で設定したゴールは、勉強をしていろいろなことが具体的に見えてくるうちに当然変わってきます。ステップ2で決めたゴールまでに使いたい参考書も、自分の苦手科目・分野が見えてくると、それを補強するための別の参考書が必要となるかもしれません。

　はたまた、試験が近づくにつれて、やるべきものが終わらないように思えてきたときは「ヤマを張る」という戦略を立てるのもまたよいでしょう。僕も医学部の試験で友達にヤマを張ってもらって、そこだけ勉強して試験を乗り切ったことが何回もありました（友達って本当に貴いですね。この場を借りて友達に感謝申し上げます）。そのヤマを張る際は、つけたメリハリがかなり有効に効いてきます。

　重要なのは、自分が一度立てた計画を状況に応じてその都度変えていくことです。自分が立てた計画も結局は「最良だとし

● CHAPTER 2 ●
「逆算勉強法」のススメ
——目的からの逆算で、最速の勉強を設計する

121

て立てた仮説」に過ぎません。その都度立てた仮説を検証して改良（＝PDCAサイクルをしっかり回す）していかなければ、成長は止まってしまうのです。

そして、この手順を踏む癖を身につけておけば、必ずや勉強以外の試練に立ち向かうときに、大きな力となってくれることでしょう。

ここまで、逆算勉強法のおおまかな流れをお伝えしてきました。
あらためて、逆算勉強法の5ステップとは、「学習範囲の全体像を知ってから範囲ごとにスケジュールを立て、メリハリをつけつつ最後まで学習していくこと」です。こうしてまとめると難しそうですが、ここまでご覧になった方にはシンプルなやり方だということが伝わったかと思います。逆に言えば、たったこれだけの手順を知らないだけで点数を落としてしまっている方がいるわけで、とてももったいないと僕は思います。

ここまでお伝えした一連の流れをできるようになれば、誰しも効率よく勉強できるようになるでしょう。また、この逆算勉強法はありとあらゆるタスクに応用できます。試験という短期的な目標だけでなく、人生における「幸福の最大化」という、より高い目標へ向かってまっすぐ進んでいけるのです。

そろそろ次の章に移るとして、次の章では逆算勉強法を前提として、勉強の効率をさらに高めていくテクニックを小さいものから重要なものまで紹介していきます。

122

CHAPTER 3

点数を底上げするための技を身につけよう
―― 勉強を成功に導く
4つのテクニック

00 勉強を成功に導く 4つのテクニック

　さて、逆算勉強法によって勉強法の大枠が摑めたところで、次は勉強を成功に導くためのテクニックをご紹介します。

　この章ではテクニックを次の4つに分類してお話ししていきましょう。

☑　勉強効率を爆速で上げる方法
☑　時間を誰よりも有効に活用する方法
☑　無駄を省いた確実なゴール
☑　誰でも始められる暗記術

　僕は長年勉強するなかで、いろいろな勉強法を試しては軌道修正を繰り返してきました。そのため、これから紹介するテクニックは、その試行錯誤を経て考案したものです。つまり、勉強をしているときに陥りがちな悩みを解決する方法として、お役に立つことが多いかと思います。

　ここでは、そのなかから**学習の効率・効果を飛躍的に伸ばすもの**を厳選してご紹介します。

　実際に逆算勉強法を活用して学習をしてみて、迷うことが出てきたら、この章を参考に解決してみてください。

<table>
<tr><td>01</td><td># 勉強効率を
爆速で上げる方法</td></tr>
</table>

最初は「勉強効率を爆速で上げる方法」です。ここでは、初めに様々なストレスへの対処法（睡眠欲から人間関係まで）について紹介したあと、自分のペースで勉強していくことや、独学の意識を持つことについて触れていきます。そして、授業や模試の使い方、予備校選びなどについて述べ、最後に具体と抽象を行き来するという重要概念についても解説します。

1 快適な勉強のために、ストレスを減らそう

「自分の勉強にとってストレスになるものをとにかく減らし、勉強効率を上げることを強く意識する」というのが、1つ目のテクニックです。

これまでの章でも扱ってきましたが、「楽しく勉強する」「自分を責めない」といった大小様々なテクニックは、ストレスを減らすのにも役立ちます。

勉強をしている最中に別のことが頭に浮かんでしまうと、勉強の効率が落ちてしまいますよね。特に、ストレスを原因とし

● CHAPTER 3 ●
点数を底上げするための技を身につけよう
── 勉強を成功に導く4つのテクニック

125

たイメージは強く長く頭に残ってしまうため、それだけ勉強への影響も大きいでしょう。

　睡魔との戦い、スマホの誘惑、人間関係のしがらみ……などなど、誰しも一度はこれらのストレスを抱えたことがあるのではないでしょうか。頭のなかに強く広がるあのいやーなイメージです。そして、これらを抱え込みながら作業をした結果、ミスをしてしまって余計に落ち込んでしまう……といった経験の1回や2回、みなさんも思い当たる節はないでしょうか。

　なので、せっかくかけた時間や労力を最大限生かすためにも、**なるべくストレスを感じないように勉強し、自分の勉強の効率を上げるように意識する**ことが重要です。

［2］ ストレスを感じるときは、さっさと寝てしまおう

　眠気や**不安**は、勉強の効率を下げる最大の敵と言っても過言ではありません。

　眠くて頭がぼんやりしているときに10時間机に張りついて勉強したとして、それは本当に意味がある勉強なのか？　といわれれば、僕の答えは「NO」です。

　先ほどもお伝えした通り、勉強するうえで大切なのは、勉強によるストレスをなるべく減らすことです。みなさんは「勉強するだけでストレスだよ！」と思っていませんか？　でも実は、勉強そのものよりも、空腹や肩こり、眠気といった「体のつら

さ」がストレスにつながっていることが少なくありません。

　僕はみなさんが感じている勉強のストレスの多くは「眠気」によるものだと見ています。勉強というと、あたかも朝から晩まで寝ずに頑張るイメージがあるからでしょうか。けれど、眠くて頭がぼんやりしていると、脳が働きません。その状態で学習をしても、記憶に残らないことがほとんどです。

「10の効率」でダラダラ10時間勉強する（＝ 10 × 10）くらいなら、**3時間寝てしまって、頭がスッキリした状態で集中して「20の効率」で7時間勉強する（＝ 20 × 7）方が圧倒的に効率的**です。

　それに、眠気というストレスを感じながら無理に長時間勉強をしてしまうと、勉強そのものが嫌になってしまうかもしれません。

　ストレスで言えば、**「不安」**も非常にやっかいです。

　たとえば、夜中に1人で勉強しているときに、急に「受験に失敗したらどうしよう？」とか、「勉強が本当につらい……」といった不安に襲われてしまうことはありませんか？

　こういった不安はとても人間的なものですが、これらを感じながら勉強することも、眠気と同様にとても非効率的になってしまいます。頭の中身が不安でいっぱいになってしまって、勉強している内容がぜんぜん頭に入ってこないですよね。

　こういった**不安を感じそうになったときも、まずはすぐに寝る**ことをオススメします。1回寝て、頭をリセットすることで

● CHAPTER 3 ●
点数を底上げするための技を身につけよう
──勉強を成功に導く4つのテクニック

心配を忘れて勉強できるようになるものです。

　横になってもなかなか眠れないときは、まずは四肢の脱力を意識することから始めましょう。起きているときは、常に四肢に少なからず力が入っています。そして、寝るときもその名残で、全く力を入れてないつもりでも多少の力が入ってしまっていることが多いのです。

　そのため、まずは睡眠を邪魔する余分な力を意識的に抜いてあげることが大事です。気持ちを落ち着かせたうえで四肢を脱力させてあげましょう。その際、右手→左手→右足→左足と順に力を抜いてあげるとやりやすいでしょう。実はこれは、医療の現場で（特に心療内科において）、治療として頻用される「自律訓練法」の第1公式なのです。自律神経を整えるという目的（や特定の心身症・精神疾患の治療目的）で、医療の現場で用いられている方法なので、ぜひ実践してみてください。

　四肢の脱力後に、もし目をつむってもいろいろ考えてしまって眠りにつけないときは、考えが浮かんだ瞬間にフワッと「その考えが消えて無になる」イメージを繰り返してみましょう。

　少しでも何かの考えが浮かんできそうになった瞬間に再び無になるのです。この無になる感覚、最初はわかりづらいです。むしろ「こんな感じでいいのかな？」と考え込んでしまうかもしれませんが、その考え込みすらもフワッと消していきましょう。やっていくうち、徐々にすっと無になる感覚を摑めるようになります。

128

ちなみに「仮眠」を取る際は、その直前にカフェインをコーヒーなどから摂取するのも効果的です。カフェインを摂ると眠れなくなりそうですが、実はカフェインの効果が出るのは、摂取してから30分〜1時間です。効果が出る前に寝てしまえば、目覚めたときのスッキリ感が段違いになります。効果には個人差がありますが、ぜひ試してみてください。

3 ｜ 場所を変えて集中できる環境を作ろう

「楽しみの誘惑」もつらいストレスの1つです。楽しいことを思いっきりやるのはいいことですが、「ゲームをしたいのにできない」「遊びたいのに勉強しなければいけない」という思いは、ストレスでしかありません。だからこそ、こういったストレスも、積極的になくしていきましょう。

　そんなときの対処方法は「場所を変えること」です。すなわち、**自分自身を変えるのではなく、周りの環境を変えてみるの**です。
　たとえば、僕は司法試験の勉強をしていたとき、スマホが手元にあると気になってなかなか勉強に集中できませんでした。なので、スマホを家に置いて、**自宅からちょっとだけ離れたカフェへ自転車で行って、そこにこもって勉強をしていました。**
　最初は、勉強の最中にスマホが気になる瞬間もありました。しかし、スマホが手元にないため「仕方ない」と割り切ることができたのです。スマホの誘惑に打ち勝つための労力はいつし

● CHAPTER 3 ●
点数を底上げするための技を身につけよう
──勉強を成功に導く4つのテクニック

129

かなくなりました。

　スマホを家へ置いていくのは、最初は抵抗があると思いますが、僕の場合、「○時から○時はカフェで勉強する」と習慣化したあとは、抵抗感もなく実践できました。

「カフェは騒がしくて集中できない！」という人は、図書館のような静かな場所でもよいと思います。予備校の自習室などに登録していればそこも利用できますし、もし集中できる場所の目星がつかなければ、先輩や友達にオススメの場所を聞いてみるとよいかもしれません。

　そして念のため申し上げておくと、店が混雑しているようなときは、（長居をしないなど）お店の迷惑にならないようにもしたいですね。

4 音楽を使いこなそう

　よくTwitter等で「音楽を聞きながら勉強してもよいですか？」という質問を受けます。これについては、音楽を聞いていた方がストレスなく勉強に臨めるのであれば、音楽を聞けばよいと思います。音楽はクラシックからヘビーメタルまで様々なジャンルがあるうえ、その人が「音楽をBGMとして聞き流す能力があるかどうか」によっても、勉強の効率が変わってきます。

　僕の場合でいうと、「No music, no life」派なので、音楽を聞かないことがかなりのストレスでした。なので、なんらかの音

楽を聞いていることが多かったように思います。ただ、たとえば現代文の文章を読んでいるときに歌詞のある音楽を聞くと、日本語が頭のなかでごちゃ混ぜになってしまうため、集中できませんでした。

そのため、文章を読んで理解するインプット系の勉強（現代文や社会など）の際は、歌詞のないゆったりとした音楽を聞いて、英単語の暗記や数学の宿題といった単純作業系の勉強（何が単純作業かはその人次第）の際は、音楽にのりながらこなしていました。

このように、自分のなかで「音楽を聞くことでストレスを減らすこと」と「勉強に集中すること」のバランスを取っていました。

なお、歌詞のないゆったりとした音楽を探している方は、You Tubeなどで「集中」と検索してみてください。勉強がかなり捗るBGMがたくさん出てくると思います（僕はこれを執筆している今も聞いています）。

5 友達を巻き込もう

友達と遊べないストレスは、友達を勉強に巻き込むことで解決しましょう。

たとえば、英単語を覚えるような場合。一人だけで覚えようとすると、作業がマンネリ化してしまい、どうしてもモチベーションが上がりにくくなってしまいます。友達と遊べないストレスがそこへ加わると、なおさらやる気が失せるでしょう。

しかし、「この人に勉強で置いていかれたら本当に嫌だな」と思えるような仲のよい友人を見つけて、一緒に勉強をしたらどうでしょうか。「今日は英単語これだけ覚えたよ」「まだそれしか覚えてないの！（笑）」とお互いに競い合うことで、**負けず嫌いな感情を刺激して楽しく勉強を継続できます**。

これはChapter 1 の「勉強のゲーム化」のところでも、オンラインプレイや協力プレイのようなものだと述べましたね。クリアするタイムを友達と競うのと同じ感覚で、1週間で何単語覚えられたかを競うのです。勉強しているのに友達と遊んでいるような感覚になると思います。これにより**勉強は楽しいものなのだ**、と思うきっかけになったら大成功と言えるでしょう。

英単語の勉強に限らず、何かをこなそうとすると、どうしても自分一人の力ではできないことも出てきます。誰かと対立するよりも、協力してお互いを肯定し合える関係を築いた方が抱えるストレスははるかに少ないでしょう。

6 相性が悪い人とは距離を置こう

上記のような、お互いが協力し合ってストレスのない関係を築けるなら、それに越したことはありません。しかし人間である以上、相性の問題で、どうしてもウマが合わない人は存在します。そういった人とは無理に距離を縮めようとしても、ストレスを抱えるだけなので、あえて距離を置くのも1つの手段です。

場合によっては、関係を絶ちましょう。これまで仲がよかったからと、無駄にダラダラと関係を続けた結果、お互いがストレスを感じるのは、双方にとってももったいないことだと思うのです。

　というのも、人生において費やせる時間も労力も有限です。ウマが合わない人に労力を割いてしまったがゆえに、本当に好きな人、大事な人、労力を割かなければならない人に労力を割けなくなってしまうのはなんとも悲しいことではないでしょうか。労力を割くべき人、物事（受験など）のために、不要な労力は、ときに容赦なく削るという思いも必要です。
　そして同様の理由から、関係を切る際も何も言わず、気づいたら離れていたというような距離の置き方がベストでしょう。そのけんかをする労力、さらには連絡を取る労力すら惜しいと思ってもいいのです。

7　勉強時間は自分のペースで設定しよう

　友達と勉強するうえで気をつけたいのが、「相手のペースで勉強してしまう」という罠です。逆算勉強法を駆使してせっかくスケジュールを作ったのに、友達の苦手科目にばかり集中して取り組んでしまったら、自分の成績が上がりにくくなります。友達と協力しつつも、勉強時間を自分のペースで管理することも、効率を上げるためには重要です。

● CHAPTER 3 ●
点数を底上げするための技を身につけよう
── 勉強を成功に導く4つのテクニック

自分のペースで勉強するということは、かっちり決めたスケジュールに沿うことだけを意味しません。ときには「やる気が出ないからやめる」のも自分のペースなのです。

　たとえば、僕は大学受験や司法試験時代、「1日○時間やるぞ！」と目標を決めて勉強したことは一切ありませんでした。

　やる気が出たときに勉強する、疲れたら寝る、回復したらやる……と自分の状態で勉強をするかしないかを決めていました。

　ストレスの話にもつながりますが、「やる気がないな」と思いながら勉強をするのが一番ダメなパターンです。情報に対しても受動的になってしまいます。一方で、やる気に満ちて勉強すると、「すべての情報を理解しよう、覚えよう」と能動的になるので、頭への入り方が格段に違います。

　すなわち、「やりたくなったらやる、そして眠かったら寝る」のが最も効率のよい最適な勉強のペースなのです。

　ただし、みなさんもお気づきの通り、このマインドセットは場合によっては賭けであり、勉強をやりたくなる気が一生起こらなくなってしまうというリスクもあります。

　そのため、Chapter 1に挙げたような方法などでモチベーションをしっかり高めていかなければなりません。そして、Chapter 0や4で述べている各教科の意義などについて知ったうえでも勉強の必要性を一切感じなかったときは、その方にとっては勉強はいらないものなので、それ以外の有意義だと信じるものをやってください（なお、そういう例は極めて限定的なはずですが……）。

134

8 勉強を自分のレベルに合わせよう

　学習するレベルも、自分の今のレベルに合わせて、自分の
ペースで進めるということが最も効率がよいといえます。これ
についてはChapter 1の「勉強のゲーム化」のところでもある
程度触れましたが、少し補足します。

　すでにお話ししましたが、僕は小学3年生の頃に公文式で数
学の高校課程をすべて修了しました。なぜ達成できたのかとい
うと、それは自分のペースで勉強を進められたということが大
きく影響しています。

　公文式には授業がありません。教室に通う頻度も、帰宅する
時間も、勉強する内容もすべて自分で決めることができるので
す。なので、自分のレベルより進んだ内容を無理に勉強して、
嫌な思いをすることもありません。また同様に、自分のレベル
より遅れた内容を無理にやらされて退屈することもありません
でした。常に楽しい科目を学年の縛りなく、好きなだけできた
からこそ、習得も早く、継続ができたのです。そうした積み重
ねの結果、小学3年生で数学の高校課程を修了できました。（な
お、誤解を避けるため念のため申し上げておくと、公文は図形問題
や確率といった一部の単元が省かれています。また、計算主体のプ
リントのため、思考力を問う問題はほとんど扱っていません。その
ため、決して小3の時点で大学入試問題に対応できていたわけでは
ありません）

　ですので、授業に合わせて進度をあえて遅く調整する必要は
なく、「中学3年生だけど、高校の内容を勉強する」のも、もち

● CHAPTER 3 ●
点数を底上げするための技を身につけよう
——勉強を成功に導く4つのテクニック

135

ろんありだと思います。むしろ、授業よりも早く勉強を進めることができるのに、無理に授業のペースに合わせてしまうとダラダラ勉強する癖がついてしまいます。**周りのレベルに合わせて自分の学習レベルを下げることは避けるべき**です。

また、基準よりも先の範囲を学ぶことは、モチベーションに直結します。

人よりも先の分野を学んでいるということは、そのまま自己肯定感や自信につながります。「俺だけこれから何が起きるか全部知っているぞ」と、ワクワクできるのです。そして、**やらされる勉強よりも自分からやる勉強の方が圧倒的に楽しいので**、モチベーションアップにつながります。普段勉強が好きな人でも、試験直前期になって追い込まれると、勉強が急に嫌になってしまうのは、よくあることだと思います。

一方で、勉強で後れを取ってしまった場合は、自分が遅れてしまったところまでしっかりと戻ることが大切です。

たとえば、「高校1年生だけど、中学2年生の○○のあたりから勉強がわからなくなった。そこから勉強しなおそう」と、昔の範囲に戻ることも全く問題はありません。僕は司法試験の勉強を始めたときには、当然ですが、他の受験志望者の人たちからはかなり後れを取っていました。そういう場合でも、焦って初めから司法試験レベルの問題を解くのではなく、基本から徹底的に学びました。

これはよく考えれば当たり前のことです。もしも先のことをどんどん学ぶ方法が効率的だとしたら、文部科学省はとっくにそのカリキュラムに変更しているはずなのですから（文部科学

省のカリキュラムが最良かどうかは議論の余地はありますが……)。なので、人からどんなに後れを取っていたとしても、「いつか先へ行く」と自分を信じて、多くの人が通った道を爆速で進めばいいのです。

大抵の勉強は、その前までの内容の理解ができていることを前提として進みます。遅れていると感じたら、勇気を出してできなかったところまで戻ってみましょう。

9 独学の意識を持とう

「教わるのではなく、自分から勉強をする」という意識を持つのも大切です。というのも、**「最終的には、独学が最も効率のよい勉強手段になる」**からです。

たとえば、塾の夏期講習を朝から晩まで毎日受けようとする人がいます。しかし、これはとても非効率的です。

なぜなら、講義というのはあくまで独学を補助するためのツールとして使うものだからです。本来、勉強は独学でするものです。まず独学をして、わからなかったところを先生に聞くというやり方が最も効率的です。

夏期講習や補講を受けたとしても、結局のところ、自分で学習して理解する時間も取らなければなりません。下手すると、ただ授業を漫然と聞いているだけになってしまう場合もあり、自分で考え、理解する力が身につかない可能性もあります。

● CHAPTER 3 ●
点数を底上げするための技を身につけよう
―― 勉強を成功に導く4つのテクニック

学習は、インプットだけではなくアウトプットができるようになって初めて完了するものです。先生の講義はサプリメントのようなもの。**講義ばかり受けて自習しないのは、サプリメントばかり飲んで、肝心の食事を抜いているのと同じです。**

　また、自習のメリットでわかりやすいのは、自分のペースでできるところでしょう。自分がわかるところは飛ばして、わからないところにはゆっくりと時間をかけられます。授業だと全範囲に同じ時間をかけて（メリハリがあれば素晴らしい授業だと思いますが）進んでいくので、すでに理解しているところは単調でつまらなく、理解が追いつかないところは置いていかれかねません。だからこそ、自習は効率的に点数を上げられる方法なのです。

　そのため、**講義に出るのは、今の自分に必要だと思う最低限に留め、まずは自習の時間を取りましょう。**

　僕が司法試験の勉強をしていたときは、合格に必要な最低限の知識をざっと予備校で学び、そこから先はほぼ自習をしていました。当時の勉強時間を今振り返ると、その8割ほどが自習だったと思います。

　そして、「先生から教わったからやる」「ここは先生に教わっていないからやらない」という考えは今すぐに捨ててください。それよりも、あなたのゴールにとって何が必要で、そのためには、いつまでに何ができないといけないのかを逆算することが重要です。

138

10 授業を活用しよう

①授業の意義

「勉強は本来独学でするものだ」とお伝えしましたが、もちろん、授業を受ける意義もあります。**授業を受ける目的はずばり、「メリハリを押さえつつ全体像を把握すること」です。**

新しい分野を勉強するとき、自分一人だけだと、何から勉強すればよいかわからなくなってしまい、ひとまず片っ端から問題を解いていく……という状態に陥りがちです。しかし、問題の重要度にはランクがあり、それらの問題には密接な関連性があって、グルーピングできることもしょっちゅうです。

たとえば、「問題1から3は最大最小をグラフで考えるという基本的な考え方がわかっていれば解ける問題で、問題4から6は、最大最小を存在条件に帰着させる考え方を知っていればできる問題である。そして、問題6は、問題4と5を発展させたものなので、極論、問題6さえしっかりと理解できるようになれば、問題4、5は今後一切復習しなくてもよい」といった具合です。独学の場合、これらの問題を「地図が見えないまま」、そして「メリハリをつけずに」片っ端から解いても、勉強の効率は上がりません。

そこで、まず授業を受けて「この科目は全体的にどうなっているんだろう？」という全体像を押さえたあと、先生の強調していたところに応じて、メリハリづけて復習していくということが重要です。

● CHAPTER 3 ●
点数を底上げするための技を身につけよう
——勉強を成功に導く4つのテクニック

139

②予習を活用しよう

　授業中にメリハリをつけつつ、全体像を把握できるようにするためには、予習が欠かせません。

　予習の時点で、全体像を押さえたうえで解法をすべて説明できるくらいにまでなれば、授業はバッチリでしょう。しかし、普段からそれほどまでにやり込むと、非常に時間がかかってしまいます。また、授業を受ける前なので、押さえるべき重要ポイントを間違えてしまう可能性もあります。

　そのため、予習ですべて押さえようとするのは非効率といえます。時間は有限なので、**予習の時間は最小限に抑えて、残りの時間は復習に回した方が目標達成にグッと近づきます**。

　すなわち、「授業を効果的に受けられるようにする」という当初の目的に立ち返って、**予習ではあくまで「章立てとその章のテーマ」をサラッと説明できる程度**に留めておきましょう。

　まず、教科書のもくじにザッと目を通してください。そして「○○と○○と○○の章や見出しがある」と説明できるようにしましょう。そのときに**章立ての階層を意識すると、より効果的**です。たとえば、本書の見出しでいうと、00、01、02……の階層の下に ① ② ③ ……の階層があり、さらにその下に1.　2.　3.　……の階層があります。この階層を意識して、もくじ間の関係を理解するのです。これによって、授業で全体像を意識しながら聞くための下地ができます。ただ、もくじを音読するだけでなく、**頭のなかでもくじの地図をしっかりイメージできるようにする**とよいでしょう。

　なお、**この階層については、予習に限らず、普段の学習でも意**

識してください。これによって全体像が見えやすくなり、その科目の「幹」を築き上げやすくなるからです。

「その章のテーマ」については、もくじを見ればほぼわかりますが、あまりに抽象的過ぎるときは、その章の最初と最後の1行を読んだり、全体をザッと眺めたりするとよいでしょう（読む必要はありません）。残りの具体的な内容や、問題ごとの解法などは、実際の授業で先生にメリハリをつけてもらうべき部分ですから、予習する必要はありません。

こうして頭のなかで「授業で扱う世界の国と、それぞれの国の主要都市」の地図がある程度できたら、授業では「その国の特徴やその他の都市など」を地図に書き足していけばよいのです。

さて、予習は最小限に抑えるのが効率的と言いましたが、完璧に予習することにも、一定の意義はあります。それは、独学力を磨けることです。

学生の頃こそ、先生が教えてくれるという場合が多いですが、大学を卒業すれば、独学のみで勉強していかなくてはならない場合も出てきます。そのときでも、物怖じせず先へ進んでいけるかは、自分の独学力次第です。そして、この独学力は日々の積み重ねで磨かれていくものです。

ですので、時間がある程度余っていて、独学力を磨きたいと思う人は、一から予習のみですべてを理解してみるのも1つの手でしょう。

● CHAPTER 3 ●

点数を底上げするための技を身につけよう
―― 勉強を成功に導く4つのテクニック

③「なるほど感」

また、**授業中の「なるほど感」**も大切にしましょう。授業中に「なるほど、そういうことか！」と思ったことは、意外と復習の際に先生の声とともに蘇ってくるものです。

これはいわゆる「アハ体験」が脳によいのと似ているでしょう。わからなかったことが自分のなかでつながった瞬間に、脳のなかで大きな快感が生まれます。この快感が、その「わかった瞬間」を強く脳裏に焼きつけてくれるのです。

それでは、この「なるほど感」を増やすにはどうすればよいでしょうか。これは当たり前ですが、先生の言うことをしっかり理解することです。そのためには**「土台の復習」と「自分の言葉での要約」が効果的**です。

まずは「土台の復習」について。勉強はその前に学習した内容を理解している前提で進むことが多いですよね。そのため、土台をしっかりと理解しなければ、その土台に積み重なるものを理解できないことも多くあります。そして、どこが土台となるかは、先述した「章立ての階層」を見ればある程度わかります。一度理解した内容の復習はそれほど時間がかからないと思うので、理解に不安がある内容は必ず潰しておきましょう。

次に「自分の言葉での要約」について。**キリのよいタイミングで、先生が説明した内容を簡潔に、自分の言葉で説明してみましょう。**こうすることで次に話す内容についてつながりを意識して理解することができるようになりますし、アウトプットの回数も稼げます。また、要約する必要性から、先生の話す内

容に対しても能動的になるので、受け身で退屈だった授業も集中できるようになるでしょう。

これらを実践すると、授業を活用する効率は格段に上がります。ここで再度注意しておくべきことは、授業はあくまで独学の補助ツールだということです。授業を受けたうえで、しっかりと自分でアウトプットをしなければ、力はつきません。

11 模試を活用しよう

模試の意義と活用法を意識しながら、模試を受けている人は意外と少ないのではないでしょうか。

「模試はちゃんと復習しよう！」というのは、耳にタコができるほど聞いていると思いますが、結局模試の重要性も、すべて独学のツールにしようというところに帰着します。**模試を受けることで自分の弱点を克服して、そして今後どのように勉強していくべきかの方針が立つ**のです。

さて、この模試の重要性については、模試に対しての向き合い方をお話しするなかで、具体的に触れていこうと思います。

①模試への向き合い方

まず、**模試を受けている最中は、いかに得点を最大化するかの練習**をしてください。具体的には、わからない問題を解くことに固執せず、全体に目を通して、点数を取れる問題から取っていくということです。

また、わからない問題もなるべくすべて「それっぽい」答えで

● CHAPTER 3 ●
点数を底上げするための技を身につけよう
── 勉強を成功に導く4つのテクニック

143

埋めて点数をもぎ取りにいくことも、合否を分ける最後のひと押しになることがあります。

　さらに、本番形式の模試の場合は、解く順番やそれぞれの設問の時間配分を確認するいい機会になります。完全に初見の問題を、本番と同じ形式と緊張感で解ける機会は貴重です。

　模試を受ける機会は有限です。試験本番で、実力に見合った、あるいは実力以上の点数が出せるような練習をしてみるに越したことはないでしょう。そして、後述する復習の便宜のため、自分の出した答えがわかるように問題用紙のどこかに痕跡を残すのを忘れないでください。

　また、重要なのは、**模試を受けたその日のうちに1回復習すること**です。当日であれば、模試中の記憶が残っているので、忘れた頃に復習するよりもかなり短い時間で復習が終わります。そして、自分がどのように考えたかを少しでも覚えているうちに復習した方が、その復習によって得られる効果も大きくなります。

　復習の際は、わからないまま適当に埋めたところも忘れずに復習してください。どこを適当に埋めたかについても試験直後が一番覚えているので、そういう意味でも当日に復習するべきなのです。鉄は熱いうちに打ちましょう。

　その後、**模試の結果が返ってきた際にも、再度復習をしましょう。**ただし、この復習は、間違えたところにサラッと目を通せばOKです。というのも、試験当日に復習を1回済ませているので、必ずしも時間をかける必要はないのです。

もし目を通していって、かなり忘れてしまっている箇所があればそこを重点的に見直し、自分が普段使っている参考書やノートに、学んだ情報を書き込んでいけばよいでしょう。

　模試返却後の復習で最も重要なのは、自分の今後の勉強の方向性を明確にすることです。返ってきた結果を俯瞰してみると、自分が間違えたところや、減点されたところに一定の傾向があるはずです。「こういう間違い方、減点のされ方をなくすためには、今後どんな勉強をしていけばいいのだろう」と考え抜くのが重要なのです。こうすることで、「英単語の和訳が雑で減点されているから、一語一句丁寧に訳すよう心がけていこう」「数学の答えはあっているけれど、論理の飛躍で減点される傾向にあるから、厳密な論理性を磨いていこう」などと、今後の勉強の方針が見えてくるのです。

　さて、**模試は返却されて終わりではありません。試験本番までに何度でも復習しましょう。**「もうこの模試に出てくる情報については完璧である」と言える状態になるまで、何回でも復習するのです。というのも、模試の問題はその予備校の威信をかけて作った問題集とも言えるので、問題の質が非常に高いのです。僕自身、司法試験の答案練習（答練）は、答練当日、答案返却後を除いても3回ずつは復習していました。

　さらに、模試の問題は、作問者が「本番で出るかもしれない」と思った重要な部分が出題されるため、本番でもそのヤマが当たるかもしれません。僕の場合でいうと、大学受験本番の数学の第6問は模試で類を解いていました。また、司法予備試験の商法の問題は予備校で受けた答練が見事的中させていました。

● CHAPTER 3 ●
点数を底上げするための技を身につけよう
──勉強を成功に導く4つのテクニック

そう考えれば、模試に出てきた問題はすべて完璧にしないと、と思えるのではないでしょうか。

②模試における注意点

最後に、模試の注意点を３つお話ししておきます。

まず１点目として、**「まだ勉強が終わっていないから模試を受けても無駄だ」といって模試を受けずにいるのはやめましょう**。模試は上述の通り、できている部分を確認するためのものではなく、自分のわからなかったところを復習したり、今後どう勉強していこうか決めたりするための材料なのです。この目的に鑑みれば、勉強が終わっていないときの方が、むしろ模試を存分に活用できるとも言えます。

また、模試に申し込んでしまえば「その模試に向けて勉強しなければ」という気持ちになりますから、ペースメーカーとしての役割も果たしてくれることでしょう。

２点目は、**模試での偏差値に一喜一憂しないようにすること**です。偏差値や判定は、受ける模試によって全く異なります。僕自身、いわゆるセンター模試では、東大理科三類でA判定を取ったことがありませんし、だからといって落ち込んだことは一度もありません。というのも、センター模試は二次型模試よりもいい判定をとるのが難しいとされているからです。ひどいものだと、A判定をとった人が全国に１人もいなかったという模試もあります。判定はある程度の実力を表すものの、それにとらわれ過ぎてモチベーションを落とさないようにしましょう。冷静に自己分析して、次につなげればよいのです。

146

3点目は、模試を何から何まで受けないようにするということです。これは、逆算勉強法で「手を広げ過ぎないようにしよう」と述べたのと同じことです。上述した通り、1回分の模試を味わい尽くすにはかなりの労力を使います。にもかかわらず、模試を毎週のように受けていたら、模試の復習が追いつかないか、はたまた**模試によって勉強の方向性を修正したのにその方向に向かう勉強量が不足してしまう**ということになりかねないのです。

　本番型模試など、自分にとって本当に必要な模試だけを厳選して受けることも重要なのです。

12 映像授業とライブ授業を活用しよう

　ここでは、特に予備校選びで迷っている方に、映像授業とライブ授業のメリットについてそれぞれお話ししておきます。

　まず、**映像授業のメリット**は、「自分のペースで苦手な部分のみを学べる」「停止したり巻き戻したり、同じ動画を何回も見たりできる」「倍速機能などにより、学習時間を短縮できる」といった点にあります。なので、学習効率だけを比較すると、ライブ授業よりも映像授業の方が圧倒的に優れています。

　一方で、**ライブ授業**を受けるメリットとして、開講される時間が決まっているので、「スケジューリングの手間が省ける」「ライバルと一緒の部屋に集まるので、モチベーションが上がる」「先生との距離が近くて気軽に質問ができる」ことなどが挙げられます。

● CHAPTER 3 ●
点数を底上げするための技を身につけよう
——勉強を成功に導く4つのテクニック

147

これらのメリットを踏まえると、自分でスケジュールを立てられて、モチベーションを保つことができる人は、映像授業を選択した方がよいでしょう。特に、「通常想定されている期間よりも、短い期間で目標を達成しなければならない場合」などは、ライブ授業で周りのペースに合わせていては間に合わない可能性が高いです。僕自身も映像授業を活用して爆速で司法試験を乗り切りました。

　ただし、映像授業もノンビリと授業を消化していては効率に直結しません。特に、「これまで見た分の復習を完璧にしない限り次の動画を見ない」といった方法は勧めません。というのも、**先のことを勉強していくうえで、初めて全体のなかの位置づけが理解できたり、全体を踏まえたメリハリ設定をすることができるようになったりする**からです。これは範囲が広くなればなるほど顕著です。

　司法試験の例でいうと、試験科目は７科目あり、一般的に憲法から勉強を始める人が多いです。しかし実は、先述のように、憲法は試験との関係（あるいは大半の弁護士にとっては実務との関係）において、やり込むことの意義は他の科目よりも低いのです。

　このことは憲法と他の科目の論文の問題を実際に解いてみて初めて実感できることです。もし、憲法をやり込み過ぎたせいで他の科目に時間を割けなかったとすれば、これほどもったいないことはありません。

　そのため、授業はなるべく早く聞き切ってメリハリをつける。そして、まとまった時間を自習のために確保するのがよいで

しょう。授業を聞くという観点からすれば、授業に置いていかれない程度に復習を済ませればよいのです。

　僕の場合、まず授業に置いていかれない程度に最低限の復習をしつつ、映像授業をできるだけ短期間でざっと聞き切りました。そのうえで、試験に出やすくて、かつ、理解が浅いところから勉強していきました。司法試験では当然、隅から隅まで問題が出るわけではありません。重要なポイントから勉強して、あまり出ないところを後回しにする。そうすることで、最短期間で司法試験に合格したのです。

13　具体と抽象を行き来して理解を加速しよう

　この「具体」と「抽象」を意識することは、勉強において大変重要です。具体とは、勉強で実際に解く問題のような、目の前に出てくるもの。抽象とは「要するにこういうことでしょ」と、勉強で出てくる問題の要点をまとめたものです。

　具体例については、Chapter 4 の数学の勉強法で詳述していますので、そちらをご参照ください。重要なのは、**「具体的な問題」はたくさんあるけれども、それらの問題は「同じような考え方・知識を用いて解くことができる」という共通点でまとめることができる**ということです。このような共通点を見つけ出せれば、新しい問題にぶつかっても「これは前の問題と同じように解けばいいんだな」とすぐに理解できます。

　問題を解くたびに「これらの問題は、まとめると○○だな」と

共通点を洗い出して「抽象化」しましょう。人に教えるときに「要するにこの問題ではこれがわかればいい」と説明できるようにするのです。

これができれば、難しそうな問題にぶつかってもパニックになりません。「この問題、長い文章があるけど、要は○○ってことだな」と、根本のテーマがわかるからです。

この「具体」と「抽象」を使いこなせれば、1回読んだ教科書のもくじだけで、ある程度の復習を済ませることもできるようになります。

なぜなら、大抵の本のもくじは「抽象」で構成されているからです。

たとえば世界史のもくじに、「英国国教会の成立」と書かれていたとします。もくじの抽象的な言葉を見ながら、今度は具体的に説明できるかやってみましょう。もくじを見ながら「ああ、つまり当時の王様だったヘンリー8世が、今までのカトリック教会じゃ奥さんと離婚できなくて独立しちゃった話ね。それで伝統的な教会の立場が弱くなっちゃったんだよね」と説明できれば、具体的にも理解できているわけです（図7参照）。

このように、もくじだけを読んで説明ができなかった部分は、解説や問題を見て復習してみましょう。この復習方法は「体系的な理解」が促進されつつ、自分で説明しようとするので「本当に理解しているかどうか」を判別できるうえ、復習のたびに「アウトプットの回数を1回稼げる」というメリットがありま

す。すなわち、満遍なく復習するよりも、効率的に勉強することができるのです。

図7：具体と抽象を行き来して理解を加速する

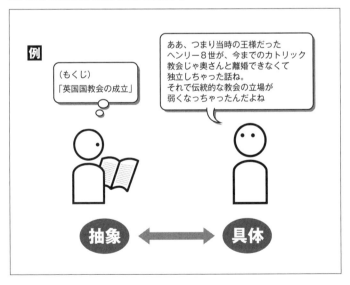

02 | 時間を誰よりも 有効に活用する方法

　ここからは、2つ目のテクニックである、「時間を誰よりも有効に活用する方法」をご説明します。

　休憩の活用法から、簡単な日課の設定、苦手科目の勉強のススメ、スキマ学習のススメ、まとまった時間をとるべき科目、少々リスキーなスケジューリング方法などを順に紹介していきます。

1 休憩の使い方を意識して 勉強時間を増やそう

1. 切り替えのしやすい休憩で勉強時間を増やそう

　長い時間勉強すると、どうしても集中力が切れてしまいます。そんなときは、休憩してリフレッシュするのが一番です。

　ただ、休憩の怖さは、1回休憩をはさんでしまうとズルズルと時間を消費してしまい、勉強に戻ってこられなくなってしまう点でしょう。僕もスマホの引力の大きさを前に、手も足も出なかったことがあります。

そういったズルズルと時間を浪費してしまう休憩を回避するために、切り替えのしやすい休憩をしましょう。

切り替えのしやすい休憩とは、始まりと終わりの区切りがハッキリした休憩です。

たとえば、僕は司法試験に向けて勉強していたとき、休憩時間に音楽を大音量で聴いていました。かなりの音量の音楽をイヤホンで聴いて、ベースやドラムなど特定の楽器から奏でられる音のみを1曲ずっと追っていたのです。普段はボーカルのメロディーラインばかりに意識が向きがちですが、意識して楽器の音だけを追っていけば「このギターリフカッコいい」「ここのリズムは変則なのか」「スネアの感じいいな」など、新たな発見があります。その発見の喜びを噛みしめてリフレッシュしていたのです。

この休憩のよいところは、曲には必ず終わりがあるので、区切りがハッキリとしている点です。「3曲聴いたら終わりにしよう」と区切りを意識しやすかったのです。

よく、「受験期間はゲームやSNSをやめた方がよいですか？」という質問をいただきます。

ゲームにもよりますが、スマホゲームでも、一度プレイすると何時間か回復するまで待たなければいけないものは、むしろ休憩には相性がよい部類だと思います。

SNSも、時間を計って「10分だけTwitterを見る！」と自己管理できるのであれば問題はありません。それよりも息抜きを縛り過ぎて、その結果勉強が嫌いになってしまうことの方がよ

くありません。

　ただ、ついつい 10 分以上継続してしまったり、勉強中も気になって手がつかなくなってしまったりするのであれば、スマホのないカフェで勉強をするなり、スマホからゲームをアンインストールしてできなくするなりして封印すべきです。

　他にも、仮眠を取るときはベッドにスマホを持っていかないなどの習慣づけもオススメです。仮眠を取ったあとに、ベッドで寝転がりながらスマホを触ってしまったが最後、あっという間に「就寝時間」になってしまうことでしょう。

2. 得意科目を休憩にする

「得意科目を休憩」にできたら、これほど強いことはありません。苦手科目を勉強していて疲れたら、休憩がてら得意科目をやって、また苦手科目に戻って……を繰り返せば、1 日中勉強できることになります。というより、そうなれば得意科目に関しては勉強という感覚ではなくなるでしょう。

　得意科目は一般的に「できるループ」を回しやすく、しかもインプットというよりはアウトプットの学習が効率的であることが多いため楽しみやすいのです。大学受験の科目についてはその楽しみ方をChapter 4で詳述したので、ぜひそちらを参考にして、「この科目は得意で、もはや娯楽だ！」と言えるくらいにしてみてください。

154

2 日課を利用して勉強時間を底上げする

　日によっては、疲れ過ぎて勉強に全く手がつかないときもあるかもしれません。そんな日は休むのが一番ですが、何も進展しないと自己嫌悪に陥ってしまうこともあります。

　そういった場合、どんなに疲れていても取り組める簡単なことを日課にしておくことで、ちょっとでも勉強へ向かうハードルを下げることをオススメします。たとえば、数学の問題を必ず1問解く、などと決めておくのです。

　このように**ハードルの低い日課を設定**しておくことで、「1問でも前進したぞ」と自分のストレスを軽くできます。また、場合によってはそれを足がかりに、やる気が出たらもう1問……と、手を進められる可能性もあります。

　ただ、どんなにハードルを低く設定しても、その日のコンディション次第では日課をこなすことすらできないかもしれません。そんなときは自分を責めずに、「明日から継続すればいいか!」とポジティブに考えるのがよいでしょう。
　何よりも大事なのは、自分から勉強を遠ざけないことなのです。

● CHAPTER 3 ●
点数を底上げするための技を身につけよう
——勉強を成功に導く4つのテクニック

155

3 苦手科目ほど伸びしろがある

　試験という目標がある場合には、常にその得点を最大化することを意識しなければなりません。そのため、「勉強した場合、最も点数が伸びそうなところ」に時間をかけるのが賢明です。**その「伸びそう」な可能性が高いところとは、実は「苦手科目」なのです。**

　多くの人にとって、苦手なものはつまらなく、得意なものは楽しく感じる傾向にあるので、意識しなければ勉強時間は得意科目に傾いてしまうことでしょう。それはそれで、勉強がますます好きになるという意味でよいことだと思います。

　しかし、試験にどうしても受からなければいけないのであれば、少し我慢して、苦手科目へ多めに時間を割くとよいでしょう。試験での点数の伸びはもちろん、自分の弱点に目を向けられる忍耐力は必ずや今後の人生で役に立つことでしょう。

　もっとも、必ずしも「苦手科目＝伸びしろが多い」とは言えませんし、試験における配点が低い場合、その科目のコスパは悪いと言えます。自分の状況を客観視することが重要です。
　そして再三になりますが、勉強が嫌いになっては本末転倒なので、コスパがよいからといって自分を精神的に追い込み過ぎるのはやめましょう。

4 スキマ時間を活用して勉強時間を増やす

　生活のために使わなければいけない時間が多い人でも、冷静に日々の行動を観察すると、勉強のために時間を捻出できるタイミングを見つけることができます。

　僕がスキマ学習をしていたタイミングは、お風呂やトイレ、最寄り駅に向かうまでの自転車の時間などでした。

　お風呂に入る前に単語帳から3単語を頭に入れて、出るまでに覚える。通学で自転車に乗る前に数学の問題を見て、学校に着くまでに「どうやって解けばいいんだろう？」と考える……などという感じです。

　他にも、LINEのメッセージを送って返事が来るまでの間に1単語を覚えるのもいいですし、ゲームのロード時間やテレビのCM、歯みがき、メイク、ドライヤーなど、**手は動かしていても頭が自由になっている時間が、必ずどこかに、しかも山ほどある**はずです。

　このようなちょっとした時間を積み重ねて、1日あたりたった3単語を覚えていったとしましょう。すると、1年間で3単語／日×365日＝1095単語になります。大学受験でよく使われる単語集は大体2000単語くらいなので、大した労力を使わずとも、気がつけば大学受験に必要な単語の半分以上を覚えられることになるのです。たった1日3単語での話です。1日24時間あるので、スキマ時間を合算していけばもっと覚えら

● CHAPTER 3 ●
点数を底上げするための技を身につけよう
——勉強を成功に導く4つのテクニック

157

れることでしょう。

「あいつ、いつもLINEグループで発言してるのに、なんであんなに英単語を覚えてるんだ……⁉」と周りを驚かせたいのであれば、そういう時間を有効活用していきましょう。

ここでスキマ時間に勉強するものとして英単語を例に挙げましたが、基本的には、英単語のように**「流れを意識する必要がない」**ものがよいでしょう。これは次のところでもお話ししますが、体系的な理解を必要とするものは、まとまった時間を確保して勉強した方が効率がよいからです。

5　まとまった時間をしっかりと確保しよう

勉強の内容を大きく分けると、数学や英文法といった「体系的な理解を要する勉強」と、英単語のような「記憶が主である勉強」に分かれます。そして、その**体系的な理解を要するものについては、なるべくまとまった時間をしっかりと確保した方が効率はよくなります。**

体系的な理解は、複数の内容の間のつながりを意識して初めてなし得るものです。にもかかわらず、ある内容Aを学習して、いったん別の科目の勉強を始めてしまったら、次に関連する内容Bを学習するときには、内容AB間の関連性を見出すことは大変困難になるでしょう。

なるべく一気に勉強して、全体像を摑んでから別の勉強に移る方が効率的です。いったん摑めてしまえば、次回その範囲を学習するときは、ブツ切りに勉強したとしても、全体像を意識することでしっかりと体系的な理解が可能となります。

体系的な理解をするまでは、数学30分、物理30分、英文法30分を3セットするよりも、数学1時間半、物理1時間半、英文法1時間半の方がよい、ということです。

6 作業を最小限の時間でこなし、勉強の時間を増やす

多少リスクのある方法ですが、「自分にとって優先度が低い作業」をするときに、わざと期日ギリギリまで手をつけないことで自分を追い詰め、短時間でタスクをこなすことも、時間を有効活用するテクニックです。

夏休みの宿題など、提出日の前日まで手をつけず、追い込まれた状況になって「やばい！　適当にやろう！」と勢いで終わらせた経験のある方も多いのではないでしょうか。これは一般的に「余裕を持ってスケジューリングをしないとダメだよね」という例として挙げられますが、このテクニックはあえて同様の状況を作り出して、その勢いを利用しようというものです。

やり方は、最低限どれくらいまで達成できればいいかを設定して、期日とボリュームから何日前なら終わらせることができるかを大雑把に逆算（ここまでは逆算勉強法と同じですが精度は

かなり粗くてかまいません）したうえで、それまで「あえて」手を
つけず放置するのです。

　この方法は、しっかりと優先順位を立てて初めて機能するも
のです。優先順位が高いものには、このテクニックは使いませ
ん。それらは、じっくりと時間をかけてこなしていくべきもの
だからです。他のことで忙しく、優先順位の低いものに時間を
かける余裕がない場合にのみ使いましょう。

　僕が司法試験と医学の勉強を両立させていたときのことを例
に挙げると、自分のなかで司法試験に受かることが最優先事項
だったため、医学部では、ギリギリ単位が取れるところを目標
ラインに設定しました。そして、科目によっては試験の前日
17時までは医学の勉強を一切しないと心に決めて、残りの時
間をすべて司法試験の勉強に注ぎました。
　17時になって急に焦り出して、単位を取るのに必要最小限
の勉強をガーッと集中して終わらせていたのです。

　よりミクロな例でいうと、各単元についても、自分の理解し
ている範囲と理解していない範囲で優先度が変わってきます。
　たとえば、すでに理解している分野なのに、基本問題ばかり
扱っている宿題などです。まだ理解が足りていなくて、練習が
必要な分野であればそれなりに時間をかけて勉強すべきですが、
すでに理解しているのであれば丁寧にやるメリットもあまりな
いので、この方法を使って短時間でこなします。

このように、**自分にとって優先順位が低い作業を短時間でこなすことで、自分が本当に勉強すべきものに使う時間を増やす**のです。

　この方法は当然リスクが大きく、優先度が低いものを最小限の労力に抑えようとしたけれども、結果試験で点数が足りず、追試のためにもう一度勉強しなければならなくなって、タスクが余計に増えてしまう可能性もあります。

　一般的に、メリットの大きいものは、往々にしてリスクを伴っていることが多いのも事実です。自分のなかでリスクを負うに値するものかどうかを判断して決断していくことが重要になってきます。

　ちなみに、直前まで手をつけないものがあると不安になってしまって、ストレスで逆に集中できなくなってしまうこともあります。

　そうならないためには、ただ漫然と「とりあえず３日前くらいにやればいいや」と決めるのではなく、しっかりと「このボリュームの宿題は自分の能力では３日でできるから、それまで手をつけなくていいんだ！」というように、意志を強く持つことが重要です。

03 | 無駄を省いた確実なゴール

　次は、3つ目のテクニックである「無駄を省いて確実にゴールするためのテクニック」について説明します。ゴールに向かってひた走るときに気をつけなければいけないこと——具体的には、プランを立てる際の注意点、手段の目的化、理解が点数に直結していないときの対処法などに焦点をあてました。

1 | 無理のないプランを考えよう

　何よりも大事なことは、設定したゴールまで確実に到達できるかどうかです。

　たとえば、フルマラソンは瞬発力を競う競技ではないし、100メートル走のタイムを単純に 421.95 倍（＝ 42.195km ÷ 100m）したタイムが出てくるわけではありません。ゴールまで自分のペースをしっかりと維持してタイムを競うのです。

　勉強についても同様です。たとえば大学受験のような長期戦は、フルマラソンと似ていて、短距離走のように瞬間的な勉強

量を競うわけではありません。合格できるレベルに達するまで、いかに自分に最適なペースを設定して、受験本番まで維持できるかが勝負の鍵となってくるのです。

にもかかわらず、「俺は1日でこれだけできるから」と、最高時（たとえば一夜漬けで達成したときのような）のパフォーマンスをベースに勉強を計画する人がいます。

そういった勉強の仕方では、最高時のパフォーマンスと平均的に発揮できるパフォーマンスとの差によって計画通りに勉強が進まず、勉強自体が嫌になってしまう可能性もあります。

長期的な勉強を持続して確実にゴールに到達するためには、無理のない範囲で長期的に続けられるプランを立てる必要があります。

2 手段が目的化しないように気をつけよう

目的を意識することは、今やるべきことを明確にするうえで重要だと逆算勉強法でも述べましたが、**本来手段だったものが目的となってしまわないよう注意しなければなりません。**

この具体例については、実は何度か出てきています。

たとえば、逆算勉強法のステップ1では、過去問を何周もやるのはやめようというお話をしました。これは、過去問の目標はあくまで「ゴールを知り、分析する」ところにあり（時期に

よっては時間配分の確認や力試しのこともある)、過去問を10周もやり込むことは非効率だという意味です。

また、つい先ほども模試について、完璧に勉強し終えるまで模試を受けないのはやめようというお話をしました。模試の目的は本番の試験に受かるためなのに、その目的をなおざりにして、模試で点数を取るために本番の点数を犠牲にする可能性がある行動をとるのは本末転倒なのです。

さらに、「手段が目的化してはならない」ことは、問題を解くときにも同様に注意しなければなりません。

たとえば数学の問題を解くなかで、やみくもに式を立てる人がいます。そして、その式を計算してある値が出た際、「なんのためにその値を出したの?」と聞かれても答えられないのです。

式を立てるときは常に、「ゴールとの関係で、どういう目的でこの式を立てたのか」ということを意識しなければ、無駄な計算をしてしまうことになります。

このように、何かをするときには、**手段が目的化してしまわないよう、常に自分の目的はなんなのか? そのために何をすべきなのか? を意識する**ようにしましょう。

手段が目的化してしまう例は世の中に山ほどあります。

お金は本来、お金を使って幸せになるための手段であるにもかかわらず、お金を稼ぐことが目的になってしまった結果、幸せから遠ざかってしまう。

ダイエットは本来、見た目をよくするための手段である(場

合もある）にもかかわらず、体重を落とすことが目的になってしまった結果、やせ過ぎてしまう。

　美容整形は本来、可愛く・カッコよくなることによっていい人生を歩むための手段であるにもかかわらず、整形して可愛く・カッコよくなること自体が目的になってしまった結果、終わりのない美への探求という「沼」にはまってしまう。

　これらはすべて、手段が目的化してしまう例です。本来の目的はなんだったのか、これを常に問い続けることが不幸を避けるコツなのかもしれません。

3　手段が目的化しないノートの使い方をしよう

　さて、手段の目的化で一番多いのが「まとめノートづくり」です。度々質問されるので、別枠でお話しさせてください。

「まとめノート」とは、教科書や板書の内容や、学校で配布されたプリントなどをノートにあらためて書き写したものです。まとめノートを作る際、色ペンできれいに文字を書き分けたり、重要部分を囲ったり、図解やイラストを描いたりと、こだわり過ぎる人が出てきます。しかしこれこそが、大学合格や定期試験対策といった目的（ゴール）から遠ざかり、脇道に逸れて、単なる手段である、ノートまとめを目的にしてしまっている典型例です。

● CHAPTER 3 ●
点数を底上げするための技を身につけよう
—— 勉強を成功に導く4つのテクニック

「まとめノート」がよくない理由は2つあります。

第一に、書くだけでものすごく時間がかかるからです。

学習することが目的なのであれば、まず「見て覚えられるもの」は、なるべく目で覚えた方が時間をかけずにすみます。そのうえでどうしても覚えられないものがあれば、教科書にマークするなりして、復習のときに強調する。それでも覚えられない難しいものだけは書く……などと、より速く覚えるための手段はたくさんあります。

第二に、「まとめノートを作る」という手段が目的化してしまい、理解しているはずの知識を再度まとめてしまったり、そのノートを作るだけで満足して身につかなかったりする点です。「まとめノート」を作って満足してしまい、肝心の暗記を怠って、試験で壊滅的な点数を取る人はもはや、「定期試験あるある」ではないでしょうか。

もちろん、ノートを作る行為がすべて悪いわけではありません。ノートやメモを取るメリットである、「まとまっていない情報をまとめる」ことは、そのまとめる作業自体に学習効果がありますし、その成果を辞書のように使って、独学を効率化させることもできます。

たとえば、僕が医学の試験勉強をしていたとき、科目によっては全体像をノートにまとめたことがありました。

その理由は、「まとめられた情報がなかったから」でした。そもそも医学部では、最先端の研究の内容などが学習内容に組

み込まれる関係で、教科書のようにまとめられている情報が存在しないことがあります。そのため、授業の内容や先生・先輩・クラスメイトたちから聞いた情報などをもとに自分でまとめた資料を作った方が効率がよいと判断したのです。

この作り方と、先に紹介したまとめノートの違う点は、「単純な書き写し」ではないという点です。

自分の頭で複雑な内容を噛み砕いて、「長い説明はいっぱいあるけれど、要は○○なんだ」と、メリハリを意識してまとめることによって自分の理解を深められるかどうかが重要です。

ノートを作ることになったら、「なんのためにノートを作るのか？」「ノートを作る必要は本当にあるのか？」をしっかり考えてください。そして、不要なノートはなるべく取らないようにしましょう。

次に、授業中に取るノートも非効率的な部分があります。

たとえば先生が教科書に沿って説明し、その内容を黒板に板書する場合に、それを何も考えずにノートに写すのは、労力がもったいないです。教科書を見ればわかることは、必ずしもノートに書かなくてもよいのです。

そこでオススメするノートの取り方は、**教科書やプリントなどの、すでにまとめられているものにメモを付け加える方法**です。ノートに写す作業が最小限に抑えられるぶん、先生が話している内容を理解することだけに集中できるでしょう。

そのとき、教科書などの余白に、先生の説明や、自分が「なる

● CHAPTER 3 ●
点数を底上げするための技を身につけよう
—— 勉強を成功に導く4つのテクニック

167

ほど」と思った感想を書いたり、関連しているところなどを矢印で結んだりと、後々の復習を効率化させる内容を書き加えていきます。なぜ復習で役に立つのかというと、そのメモを見たときに、「そういえばあのとき、ここでなるほど！　と思ったな」と記憶が思い起こされて、大切なポイントが定着しやすいからです。この方法なら、**すでに書かれている内容を書く労力をなくせるうえに、情報を一元化できるので復習の効率も上がるのです。**

4 理解した内容を確実に点数へつなげよう

　次に、勉強の内容を理解しているのに、試験の点数に直結しないという方向けのアプローチをお伝えします。

　そうなってしまう**原因の多くは、試験中に時間が足りていないことと、ケアレスミスが多いことの2つ**です。

　試験中に時間が足りない人は、短縮できる時間をとことんまで減らせているかがポイントになります。

　たとえば、漢字の書き取りなどのような、ただの知識問題に時間をかけ過ぎていないでしょうか。暗記問題で「なんだったっけ」と悩む時間を省略するために、暗記したことがすっと出てくるまで反復を重ねてください。これについては、数学や理科の計算問題も同様です。教科書レベルの問題で、試験中に時間を使い過ぎてはいないでしょうか。

　教科書レベルの問題はもはやパターンでしかないため、そこ

で悩んでしまうのは勉強不足としか言いようがありません。

　また、現代文や英語における読解の速さは、日頃の積み重ねがものをいいます。大学受験の各科目の具体的な勉強法についてはChapter 4で詳述しますので、そちらをご覧ください。

　そして、ケアレスミスが出てしまうという人は、自分が間違いやすい部分を把握・記憶して、間違いやすいところに直面するたび、毎回意識するという方法がオススメです。

　実際、僕も小学生の頃はケアレスミスをたくさんしてしまっていました。初めのうちは、なぜケアレスミスをするのかわからず、自分が抜けているのかと思っていました。しかし次第に、同じ場所でいつもミスしている自分に気づきました。

　たとえば、しばしば「誤っているものを選びなさい」という問いにもかかわらず、正しいものを選ぶミスをしていました。そこで、「誤っているものを選びなさい」のなかの「誤っている」のところに大きく"×"マークをつけるようにしたところ、これによりミスは大きく減りました。

　しかし、さらにミスを減らすために、「正しいものを選びなさい」にも"○"マークをつけるようにしてみたのです（図8参照）。

　こうすることによって、すべての問題において正誤のどちらを選ばせる問題なのかを意識するようになったのです。

　これを実行するようになってから10年ほど経ちましたが、その間に同様のミスをすることは一切ありませんでした。

　他にも、数学でいうと $\dfrac{x+y}{5} - \dfrac{2x-3y}{5}$ のような式が出てき

たときに、$-\dfrac{2x-3y}{5}$ を $\dfrac{-2x+3y}{5}$ としなければいけないにもかかわらず、$\dfrac{-2x-3y}{5}$ としてしまうミスを頻発していた時期がありました。そのミスを減らすために、毎回分数の前にマイナスが出てきたら、符号を意識するようにしたのです。すると、同様のミスはしなくなりました。そして、今でも分数の前にマイナスが出てくると、無意識のうちに符号のダブルチェックをしてしまっています。

　このようにして、自分はどういうミスをしてしまうのかを分析して、それを意識し続けることで、ケアレスミスをかなり減らすことに成功しました。

図8：ケアレスミスをなくすために

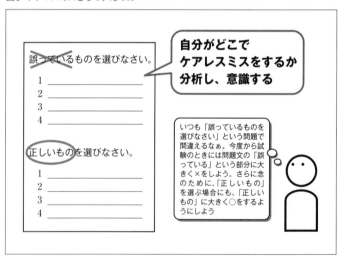

「自分はミスをしやすいから」と片づけたくなるのがケアレスミスです。昔は僕自身も、「ケアレスミスは自分の実力とは関係ないから仕方ない」と軽視していました。

しかし、それは全くの誤りです。

自分がどこでミスをしがちなのかを分析して、その都度意識すればケアレスミスはなくせるのです。

● CHAPTER 3 ●

点数を底上げするための技を身につけよう
―― 勉強を成功に導く4つのテクニック

04 | 誰でも始められる暗記術

　最後に、4つ目のテクニックである、「暗記術」の説明をします。ここでは反復の重要性、アウトプットの重要性についてお話ししたあと、反復を意識したマークの仕方や語呂合わせの活用についても触れていきます。

1 暗記するうえで、反復は必須

　どんな科目でも、最低限の暗記なしには成り立ちません。そして、暗記で点数を稼ぐためには、何よりも反復が大切になります。なぜなら、人間は忘れる生き物だからです。

　ここで人間の記憶について、簡単にお話ししておきます。
　人の記憶を分類すると、「短期記憶」と「長期記憶」の2つに分けることができます。どんな情報も最初は、海馬という脳の器官によって短期記憶として保持されるのですが、この短期記憶はすぐに忘れ去られてしまいます。そのため、長期的な勉強においては、**いかに短期記憶を長期記憶に変換できるかが重要になってくる**のです。そして、長期記憶に定着させるのに大切

なのは、海馬に「この情報は自分にとって重要なものである」と思わせることです。そのために、反復することこそが最も有効な方法なのです。脳はある情報に何回も接すると、「おっ、この情報はきっと重要なんだな」と思い込むため、反復すればするほど、長期記憶へ定着するのです。

　逆に、瞬間記憶のような文字通り「人間離れした」特殊能力がある場合以外は、どんな人であっても反復をしないと確実に忘れてしまいます。

　反復の重要性をお伝えしたところで、「エビングハウスの忘却曲線」という、記憶に関する研究の実験結果をご紹介します。
　この実験は「ある情報を記憶してから経過した日数と節約率」の関係性を調べたものです。この節約率を簡単に言うと、記憶した情報について、一定時間置いたあとに再度学習するとき、どれだけ早く覚えることができるかを数値化したものです。その結果を見ると、20分後には節約率が58％、1日後には節約率が34％、6日後には節約率が25％に低下するということがわかります。当然のことながら、僕も例外ではありません。
　これを応用すると、一度覚えたものはなるべく早いうちに反復した方が復習時間を短縮することができることもわかります。一般的に最も効率がいいと言われている方法は、**「初めて記憶した30分後、1日後、1週間後、1カ月後にそれぞれ復習・再記憶する」**ことだとされています（諸説あり）。これくらいまで反復をすれば、ほとんどの情報は長期記憶へと移行することでしょう。

● CHAPTER 3 ●

点数を底上げするための技を身につけよう
──勉強を成功に導く4つのテクニック

173

2 暗記においてもアウトプットは重要

さて、反復の重要性とその最適なタイミングについて述べてきましたが、より一層、しかも格段に、長期記憶へ移行しやすくする方法があります。それは、覚えたり反復したりするときに、「アウトプット」することです。

先ほど、短期記憶を長期記憶に変換するためには、海馬に「その情報は自分にとって重要なものである」と思わせるのがよいという話をしました。そして、その情報をアウトプットすることで、海馬に「この情報を頭の引き出しから取り出そうとしているから、きっと重要な情報なんだろう」と認識させることができるのです。

逆に、ただ単語集を目で追っていっても頭に入らないのは、頭のなかで整理してから吐き出すアウトプットが抜けていて、海馬はその情報を重要なものとして認識しづらいからといえます。

覚える際や反復する際にアウトプットすると、自分が本当に覚えているかを容易に確認できるというメリットもあります。**何度もアウトプットすることで、抜けている部分をチェックし、できなかったものを復習する。**こうして脳がそれらを重要な情報として認識し、情報が定着するのです。

以上のように、**暗記においてもアウトプットすることは重要**なので必ずおこなうようにしてください。

たとえば単語を覚えるときは、1単語を1分かけて1回チェックしていくよりも、1単語を10秒かけて6回チェックしていった方が、断然記憶に定着します。

この理由はシンプルで、前者は思い出す際の1回だけアウトプットできるのに対して、後者は同じ時間でアウトプットを6回もすることができるからです。なるべくアウトプットの回数を増やせるような工夫をするとよいでしょう。

3 反復することを意識してマークしよう

復習や反復による記憶の効率化をするうえで、教科書などの重要部分にマークをすることはとても有効です。

ただし、マークもただ漫然と教科書の重要部分に線を引くだけでは、逆効果になってしまうこともあります。

教科書にマークする最大の目的は、復習のときに「自分が見返すべき大事な部分がわかること」です。

つまり、自分がすでに理解している部分は、たとえ大事であっても読む必要がないので、必ずしも線を引く必要はありません。

ダラダラと重要部分すべてに線を引いてしまうと、どこを理解できていないのかがわからず、すでに覚えている部分も読み返さなければいけなくなるので、復習の効率が下がってしまうのです。

それを避けるため、**教科書にマークをするときは、自分の知らない部分だけにマークするのがよい**でしょう。

● CHAPTER 3 ●
点数を底上げするための技を身につけよう
── 勉強を成功に導く4つのテクニック

僕が教科書の内容を覚える際は、最初に、蛍光ペンで自分の知らなかったところだけマークします。そして、蛍光ペンのマーク部分だけ反復します。

　何度か復習をしたあと、それでも覚えられていなかったマークの下へ赤線を引きます。そして最後に赤線の部分だけを復習して仕上げます。

　この方法の重要なポイントは、**自分の成長に合わせてマークも更新して、復習時の無駄を省いていくこと**です。

　なお、体系的な理解が不十分である場合（＝「幹」をイマイチ捉えきれていない場合）は、自分が知識として有していたとしても、体系的な理解のために全体を復習する意義もある場合があるため、そこは臨機応変に対応してください。

4 | 語呂合わせを活用しよう

　語呂合わせも、最高の暗記術です。

　語呂合わせには、「平成以降の総理大臣全員」などのように複数の単語を覚えるものと、「マルクス・アウレリウス・アントニヌス」のような複雑で長い単語を覚えるものの2種類が存在します。ここではそれぞれのパターンに分けて、語呂合わせのテクニックをお伝えします。

　まず、複数の単語をまとめて覚えるには、それぞれの単語をストーリー仕立てにするのがオススメです。たとえば、平成以降の総理大臣を覚えなくてはいけないとしましょう。平成は総理大臣が頻繁に替わったのでとても覚えづらく、ただ音読する

だけでは頭に入ってきません。

そこで、名前と名前の間に無理やり物語を作り、つなげていくのです。

カードゲームのUNO（宇野宗佑）をやっている。海辺（海部俊樹）の家でリーチしたのが宮澤喜一。海に流れ込む細い川（細川護熙）の上に羽（羽田孜）が浮かんでいる。川は富山市（村山富市）から流れてきた。川には橋（橋本龍太郎）がかかっていて、上でコブクロの小渕さん（小渕恵三）がいる。そのコブクロが歌って喜んだのが森喜朗で……。

といった具合です。だいぶ雑ではありますが、これでも自分の頭に残って試験で書ければ全く問題はありません。

そして森喜朗の次は小泉純一郎ですが、このような超有名で絶対覚えている部分は無理に語呂にしなくてもよいでしょう。むしろそこまで来たらいったんリセットして、「よし、小泉さんまでいった。前半戦終わりだ！」というように、区切りにすることでメリハリもつきます。

このあとは、安倍晋三、福田康夫と続きますが、ここで安倍さんや福田さんの語呂が思いつかなかったとしましょう。こんなときには、安倍や福田という名字の友達や知り合いを登場させるのも１つの手です。頭に定着しさえすれば、誰を登場させてもよいのです。

● CHAPTER 3 ●
点数を底上げするための技を身につけよう
──勉強を成功に導く４つのテクニック

177

友達の安倍と福田が「あ、そう」って言ったので麻生太郎。「あ、そう」と言ったら、山から鳩が飛び出してきて鳩山由紀夫。ここまでで、もうラスト3人です。ラストスパートはどの暗記モノでも一気に覚えられると思いますので「菅、野田、安倍」とリズムによるごり押しで暗記してしまっても構いません。目的は試験で実際に書けることで、語呂を作ることではないからです。

このように、関連していないけれど一気にたくさん暗記しなくてはいけないものは、ストーリー仕立てにすると暗記しやすくなります（もっとも、そのような機会は多くないかもしれません）。

次に、複雑で長い単語を覚えるときは、一字一句間違えてはなりません。正確に思い出せるよう、複数の語呂合わせを用意します。

たとえば、クイズなどで「太陽系で一番深い谷は何か？」という問題があったとします。答えは火星にある「マリネリス峡谷」ですが、これをどのように覚えたらよいでしょうか。もちろん気合いで覚えてもよいですが、たくさん記憶しなければならない場合などは、頭がこんがらがってしまうことでしょう。そういうときに語呂を活用するとよいのです。

具体的には、僕は、マリネとリス、つまりマリネをリスが食べているイメージで、マリネリスと覚えました。

ただ、「マリネ＋リス＝マリネリス」だけでは、万が一忘れてしまうと思い出せなくなるので、マンネリしているイメージをして、「マンネリマリネリ……マリネリス！」というように、ニュアンスを重視した語呂合わせも作っておきました。2つ思

い出す回路があれば、万が一どちらかを忘れても思い出せる可能性が上がるからです。

　語呂合わせを使うメリットの１つは、ぱっと見ただけでは暗記しづらいカタカナの羅列を覚えられるという点にあります。カタカナのように無機質な文字の羅列は覚えづらいので、**語呂を使って頭のなかでその情景を思い浮かべられるようにすることで飛躍的に記憶を効率化できる**のです。なんの意味も持たない記号の羅列を海馬は重要な情報として認識しにくいのですが、一方で意味内容を持った情報は重要なものとして認識されやすいのです。

図9：複雑で長い単語を覚えるときは、複数の語呂合わせを用意する

ただし、語呂合わせもあくまで手段に過ぎないので、こだわり過ぎないように注意しなければいけません。先ほども述べたように、語呂合わせを作るのに熱中し過ぎるあまり、時間を浪費してしまっては本末転倒です。また、語呂合わせを完成させたことに満足して、記憶する時間を取らなければ意味がありません。ここでも、常に目的を意識する必要があります。

　語呂合わせを使って覚えた知識を使い、実際に試験で解けるようになって初めて目的が達成できるのです。

　語呂合わせを使うもう1つのメリットは、アウトプット回数を増やしやすいという点にあります。たとえば、電車のなかやお風呂場などで「太陽系で一番深い谷ってなんだったっけ」と考えたところで、語呂合わせがなければ、思い出せないものは引っ張り出しようがありません。しかし、語呂合わせによるイメージができ上がっていれば、「リスが何か食べて……んー、マンネリのイメージもあったな。あっ！　マリネをリスが食べてるマリネリス峡谷だ！」と思い出せる可能性が高くなります。

　このようにしてアウトプット回数を増やせるために、記憶がますます定着しやすくなるのです。

「語呂合わせなんて邪道だから、自分はやらない」という人がたまにいます。しかし、結局目的を達成できるのであれば、手段はなんだってよいのです。そのやり方は幼いと言われようが、ベタだと言われようが、試験で結果を出せれば勝ち。**成果が出るのであれば、語呂合わせも積極的に使うべき**だと思います。

　また、少し触れましたが、その際にも目的を常に忘れないよ

うにしましょう。目的によってはこれらの暗記法を好きに変えてもらっても、全く新しい暗記法を編み出してもらっても構いません。

そしてあくまで僕に合った記憶法なので、それを参考にしつつPDCAサイクルを回して自分に合った記憶法へと洗練していってください。

● CHAPTER 3 ●

点数を底上げするための技を身につけよう

—— 勉強を成功に導く4つのテクニック

181

Chapter 4

高校・大学受験を完全攻略する

―― 5教科の解体"真"書

00 | この章の流れ

　さて、これまでの章では、「モチベーションの高め方」→「逆算勉強法」→「勉強の効率を高めるテクニック」という順にお話をしてきました。

　このChapter 4では、高校受験や大学受験を念頭に置いて、「数学・国語・英語・理科・社会」の主要5教科について、各科目を勉強するメリットやその具体的な勉強法を紹介していきます。また、同時にそれらの教科の楽しさや、オススメの参考書についても触れていきます。

　また、初めに断っておきたいのが、オススメの参考書は、僕が使ってみたものや、家庭教師をする際に手に取ってみたりしたなかで、個人的によかったと感じたものに過ぎません。そのため、読者の方にとって最良かどうかは保証できない部分もあります。あくまで1つの参考意見として受け取っていただければ幸いです。

01 | 数 学

　まずは嫌いな人も多い数学からお話ししていきましょう。

　僕はもともと数学が好きでした。というのも、数学は基本的にパターンがはっきりしていて、そのパターンさえ押さえてしまえば、応用問題はパズル感覚で解くことができるからです。

　数学嫌いの人が多いのは、パターンの体系的な理解をしないままに次の範囲へどんどん進んだ結果、「あれもわからない、これもわからない」となってしまっているからだと思っています。

　数学では、「いかに基本問題のパターンが頭に入っているか」と、「頭に入っているパターンを、いかに応用問題へ適用できるか」が試されます。

　本来、パズルゲームのように進められる教科でもあるので、数学自体を投げ出す前に、ぜひこの章を読んでみてください。

1 数学を学ぶメリット

1. 数学を学ぶメリットその1：問題解決能力

　そもそも数学を勉強しているときは、「こんな勉強をしても、大人になって使わない」と思うことが、他の科目と比べて多いかもしれません。しかし、**数学を学ぶメリットはとても大きい**のです。その最たるものが**「問題解決能力が養われるところ」**です。

　数学の問題は基本的に、ある条件が与えられて、そこから指定されたゴールがなんであるかを答えるように求められています。
　このような問題を解くために必要なのは、「与えられた条件からわかること」と「ゴールを求めるために必要なこと」を結びつけることです。
　「今、こういう条件が与えられているから、そこからはこういうことがわかって、次にこういうことがわかって……」「これを求めるためにはこれが必要で、そのためにはこれを求めなきゃいけなくて……」。この2つがつながったとき、スタートからゴールまでの道筋が見えるのです（図10参照）。
　そして、勘のいい方は、この考え方がChapter 2で説明した「逆算勉強法」そのものだということに気づくと思います。

　逆算勉強法は、ゴールを「大学合格」「司法試験合格」などと

図10：数学は問題解決能力が養われる

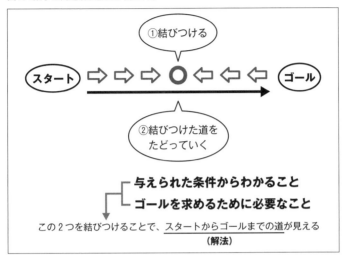

定め、そこからスケジュールを逆算します。そして、自分の現在の状況と照らし合わせて「今、自分が何をしなければならないのか」を導き出します。

逆算勉強法は、僕が小さい頃から数学が好きで勉強し続けた結果、自然と習得した勉強法でした。どんな試験に向けてスケジュールを立てるにしても、自然と数学の問題を解くときと同じ思考で考えているということに気づいたのです。この思考法を体得したおかげで、東大理科三類と司法試験に一発合格できたと言っても過言ではありません。

さらにこの思考法は何も勉強に限らず任意の問題を解決するのに役立つでしょう。たとえば恋愛についてもそうです。「A

さんと付き合いたい。Aさんと付き合うにはAさんの好きなタイプをまずは知らないと。あと、今の自分の現状はどうだろうか。とりあえず最低限の清潔感を獲得するためにオシャレな服を買って、美容院で髪を整えてもらわないとな」などといった感じです（もちろん恋愛はこんなに単純ではないですが……）。

2. 数学を学ぶメリットその2：論理的思考力

数学を学ぶメリットには、論理的思考力が身につくということも挙げられます。

数学は「必ず正しいと言える論理を積み重ねていく」ことで答えにたどりつく性質を持っています。記述式の問題では特にその性質が顕著で、記された論理の筋が通っているか、論理に飛躍がないかといったことが大きく点数を左右します。

そしてこの論理を、一個一個矛盾なく積み重ねられる能力こそが論理的思考力です。

この論理的思考力を身につけるとあらゆるところで活躍します。

たとえば、他の科目の勉強のときです。大体の科目は一貫した論理があるものです。

英語なら、一文が何行にもわたる場合がありますが、その文構造を分析するときは英文法というルールに従って論理的に考えていかなければなりません。日本史でいうと、戦いの裏にはその背景があり、その背景の裏にはまた別の戦いがあって、それ

らの因果関係を論理的につなげていく必要があります。

このように、各科目の一貫した論理を摑む能力が上がることによって、その科目を体系的に理解することが得意になるのです。

また、論理的思考力がつくと話の説得力が大きく増します。ある物事を説明するとき、「どこにも飛躍も矛盾もなく、その論理を追っていけば必然的にその結論にたどりつく」ように説明できれば、相手は大きく納得することでしょう。

このスキルは、相手に何かさせたいとき、具体的には営業などで、大きな力を発揮することでしょう。

そして、何より論理的思考力によって複数の選択肢から最良のものを選ぶ能力が磨かれます。

論理的思考力がないと、様々な選択肢を深く考えずにフィーリングで選んでしまいます。

しかし、論理的思考力があれば、メリットとデメリットをしっかりと抽出し、それらを筋の通った論理で比較衡量することで最良の選択が可能となるのです。なかには「選択に正解はないのだから、フィーリングに従うのが結局いい選択になる」と主張する方がいますが、「選択に正解はない」という命題が真である状況においては、それはそれで「1つの筋の通ったロジック」なのです。

最終的には、自分のなかでしっかりと筋の通った選択が可能になることで、Chapter1で書いたように、「人生における後悔がなくなる」のです。

● CHAPTER 4 ●
高校・大学受験を完全攻略する
——5教科の解体"真"書

189

2 数学の勉強法

さて、次に「数学の勉強法」についてです。ここでは、基本問題と応用問題の2つに分けて説明します（もっとも、その2つの区別は難しく、最初は応用問題だと思っていたものも、勉強しているうちに基本問題だと感じるようになるものです）。

ここで重要になってくるのは、Chapter 3の「具体と抽象を行き来する」考え方です。具体的に見ていきましょう。

1. 基本問題はパターンを攻略しよう

数学の基本問題の攻略方法は、パターンを身につけることに尽きます。パターンを身につけると、慣れさえすれば問題を見て数秒も経たないうちに解き方を判断できるはずです。

基本問題のパターンを瞬時に見抜くことができるようになれば、試験で応用問題により多くの時間を割くことができるようになり、点数をより多く獲得できます。

「これは○○だ！」のように、パターンをすぐに見抜くためにはどうしたらいいでしょうか。それは、問題を解く際に常にその抽象論を意識することです。すなわち、**「解き方を丸暗記する」のではなく「その解き方の背景にある理屈を説明できるようにする」**ということです。

いまいちピンと来ないかと思いますので、具体例で説明しましょう。たとえば、次の連立方程式を解く場合を考えます。

$x + y = 5$
$2x - y = 1$

このとき、2つの式を足して$3x = 6$から$x = 2$を求め、上式にこれを代入して$y = 3$を求めると思います。
それでは、次の連立方程式を解く場合はどうでしょうか。

$2x + y = 7$
$x + 3y = 6$

先ほどの「解き方を丸暗記」した人は、2つの式を足して$3x + 4y = 13$とするかもしれませんが、当然それでは解けません。この連立方程式を解くには、上式を3倍して下式とyの係数を揃えてから、上式 − 下式をするのです。

ここで重要なことは、「連立方程式を解くときは、係数を揃えてから足し引きすることで、文字を1つ消してあげる」ということなのです。決して「両式を足すこと」ではないのです。
答えを丸暗記してその問題が解けるようになったとしても、類題には太刀打ちできないということになってしまいかねず、これほどの時間の無駄はありません。しっかりと基本問題から類題に対応できる抽象論を抽出してあげるのがポイントです。
読者の方のなかには「基本問題をパターン化しろって言われ

● CHAPTER 4 ●
高校・大学受験を完全攻略する
——5教科の解体"真"書

191

ても、基本問題集の分厚さを考えたら無理だ」と思う方もいるかもしれません。確かに問題の解法を片っ端から覚えていたら無理かもしれません。しかし、「その背景にある抽象論」は実はかなり限られた数しかないのです。

この抽象論を抽出するポイントは、他の基本問題と比較して共通点を探すことです。「これらの問題をまとめて同じ理屈で説明するにはどうしたらいいか」ということを考え抜くのです。もし、どうしても見つからなかった場合は別パターンとして押さえておけばいいだけです。

そしてこのようにして抽出された理屈を、具体的な問題を解いていくなかで定着させて、試験で同様の問題が出題されたときに瞬時にパターンを判断できるようにするのです。すなわち、抽出された理屈を完璧に使いこなすには「その理屈を意識しながら」問題数をこなすことが一番です。具体的問題は抽象論を抽出するために重要であり、それと同時にその抽象論をマスターするために重要なのです。

究極的なゴールとして、単元を言われたときに抽象論を説明しつつ、「たとえばこの抽象論を使う問題としてはね、……」という風に問題の具体例を提示できるようになれば基本は完璧と言えるでしょう。

「結局問題数をこなさなきゃダメなのかよ」と思った方には「それはそう」としか言いようがありませんが、どうせ時間をかけて問題数をこなすのであればその勉強効率を最大限に高めるために「抽象論を意識せよ」ということをあらためて強調して

おきます。

2. 応用問題は基本問題を軸にした再現性が重要

次に応用問題の勉強の仕方について述べていきます。応用問題を解くうえで基本問題のパターンがしっかりと頭に入っていることが重要であることは言うまでもありません。

だからといって、「自分は基本が完璧とは言えないから、応用には手を出さない」と言って基本問題を無限ループすることはあまり賢明ではありません。というのも、応用問題は基本問題において抽出されたパターンを組み合わせて解いていくものなので、応用問題を通してそのパターンを確固たるものにできますし、「応用問題での使われ方」も学ぶことができます。そして、場合によっては応用問題を解くことによってパターンが洗練されていくこともあるのです。以下では具体例を用いて詳述していきます。

たとえば、次の連立方程式を解くことを考えます。

$X + 3Y = 15$
$X^2 + Y^2 = 25$

これ自体は応用問題ではないのですが、先ほどの連立方程式と比べたら応用問題と言えるでしょう。

さて、先ほど押さえたパターンである「連立方程式を解くと

● CHAPTER 4 ●
高校・大学受験を完全攻略する
——5教科の解体"真"書

193

きは、係数を揃えてから足し引きすることで、文字を1つ消してあげる」をこの問題で適用できるでしょうか。もちろん否ですね。この問題では上式をX＝－3Y＋15と変形してあげて、下式に代入するとYのみの式になるので解けるようになります。

そこで、先ほど押さえたパターンをより洗練していかなければなりません。統一的な論理を作り出すならば、「連立方程式は文字を消去して1つの文字の式を作ることを目指すものである。その手段として①係数を揃えて足し引きする場合と②代入法がある」となるでしょう。このように基本問題で作り出した抽象論を、応用問題を通して洗練することができました。なお、今得られた抽象論を押さえておけば大体の連立方程式に対応できますが、まだまだ洗練の余地があります。応用問題をどんどん解いていくなかでこの抽象論を洗練していくことはみなさんの課題として残しておきます。

そして、他にこの応用問題からは、「1つ式があれば1つの文字を消去できる」ということや、「得られたYを下式に代入せずに上式に代入しなければならないのは、代入先の式ではなく代入元の式が残るからである」ということを学べます（後者はここで理解しなくてよいので、数学の問題を解くなかでいつか理解してください）。応用問題はパターンの宝庫なのです。

さて、応用問題を通してパターンをマスターすることができるということがわかってもらえたと思いますが、応用問題で学習するうえで必ず意識してほしいことが「再現性」です。「再現

194

性」とは、とある問題から抽出した理屈を、その類題に直面した
ときに「必然的に」その理屈を適用して解けるようにすること
をいいます。

　一般的に応用問題は「基本問題をうまく組み合わせて解くけ
れども、その組み合わせ方には特殊なひらめき・センスが必要
だ」と思われがちです。もちろん、数学的センスに長けている
人は特に意識せずとも基本問題をうまく組み合わせることがで
きます。しかし、たとえ数学的センスがなくても、その組み合わ
せ方をパターン化することで応用問題にも対応できるようにな
るのです。そして、そのパターン化にあたって「再現性」が重要
になるのです。

　先ほどの連立方程式の例で見ていきましょう。$X+3Y=15$、
$X^2+Y^2=25$ の問題が解けなかったときに答えを見ると、
「$X=-3Y+15$ と変形して、下式に代入する」操作がなされて
いることでしょう。
　そのときに、「なるほど、こうやって解くのか！」と理解して同
じ問題を復習したときに「確か、この問題は上式を$X=-3Y+15$
と変形して、下式に代入するんだったな」と思い出して解く方
がいます。それはそれで偉いことなのですが、問題の解答を丸
暗記しても類題に対応できないので注意が必要です。

　この問題で重要なことは「代入法によって文字を消去する」
ということなのであって上式を$X=-3Y+15$ と変形して下式
に代入することではありません。そういう「解法丸暗記主義」

● CHAPTER 4 ●
高校・大学受験を完全攻略する
——5教科の解体"真"書

195

の方に限って、たとえば $a^2 + b^2 = 50, a + 2b = 15$ という「実質同じ問題」が解けないのです。

この例だと「そのくらいなら自分にもできるなぁ」と思う方もいると思います。ただ、難しい範囲になってくると、案外どこかでこのような事態に陥っていることも多いのです。

さて、こんな事態を避けるため、どのように「解法丸暗記」から脱却して「再現性」を意識するか。それは、問題の解説を見たときに「**この問題を初めて見たときにどうやったらこの解法を必然的に思いつくようになるのか**」ということを自分のなかで腑に落ちるまで考え抜くことです。連立方程式の例でいうと、従来押さえていたパターンを洗練することによって、その問題に出会ったときにそのパターンに基づいて「必然的に$X = -3Y + 15$ と変形して下式に代入したくなる」ことでしょう。

このように「必然性を持って再現することができる理屈」をしっかりと腑に落とすことで、類題やさらに複雑になった応用問題に対応できるようになるのです。

そして、問題を解くなかで解けなかった問題について「どうすれば初見で解けるようになるか考える」操作こそ、まさに数学においてPDCAサイクルを回すことに他なりません。

最後に、基本問題と応用問題に共通している「抽象論を意識する」というところにフォーカスすれば、問題集で勉強するときは手を動かして計算しなくてもよいことに気づきます。

というのも、問題を見て、「この問題はあの抽象論を使って

出てくる値を、あの抽象論を使って変形して答えが出る」というように、道筋さえ見えればよいからです。すなわち、計算の作業部分は本質ではありません。

頭のなかで道筋を組み立てて、解答を見てその道筋が正しいかを確認する。これを繰り返すだけで数学の力はメキメキつくことでしょう。ただし、この方法だと「わかった気になっているだけ」という事態に陥りかねないので、**必ず定期的に計算もするようにしましょう。**

3. どうしても数学が苦手な人は パターンを覚えてしまおう

以上のように数学はセンスが必要と見せかけて、案外パターン化することができるのです。だとすると、数学が苦手な人は極論そのパターンを丸暗記してしまえばいいということになります。

自分でパターンを抽出することができなくても、優秀な友達・先生に教えを乞えば、パターンを知ることができます。教えてもらったものを意識しつつ、問題を通してそれを身に沁み込ませていく。こうすれば、パターン抽出能力はあまり磨かれませんが、「数学の点数を取る」という意味では、少なくとも負けない科目には持っていけます。

また、最初は人にパターンを教えてもらっていたとしても、いろいろなパターンを学んでいるうちに、パターン化の要領を摑んで、自分の力で見抜くことができるようになるかもしれま

せん。その過程がどうであれ、結果としてプラスに転がればよいのではないでしょうか。

3 数学の楽しさ

さて、ここで数学の楽しさについて触れておこうと思います。

まず基本問題について、たくさんある問題の背景に一貫した理屈が見えたとき、一気に解ける範囲が広がるはずです。その「一見異なるものがリンクして世界が広がる感覚」こそが数学の楽しみと言えるでしょう。

そして応用問題では複数のパターンを組み合わせていくのですが、そのパターンの組み合わせ方を考えることそれ自体が楽しいと言えるのではないでしょうか。

みなさんはテレビのクイズ番組などで、IQ問題を出演者と一緒になって考えることがあると思います。解けたらスッキリするし、解けなかったら解けなかったで「あー、こういうことかー」と、その問題を楽しんでいるのではないでしょうか。

数学の応用問題も、それと全く同じです。「基本問題のパターン」を武器に、いかに組み合わせて応用問題を解いていくか。問題文中のどの条件が解にたどりつくための伏線になっているのか。こういったことを考えて問題に立ち向かえば、その問題が解けても解けなくても楽しめるのではないでしょうか。

そして、この「数学の楽しさ」から逆算すると、「数学をどう

すれば楽しめるか」がわかります。

　まず、基本問題においてしっかりと複数の問題の根底にある抽象論を抽出することです。これは数学力を伸ばすのに役立つだけでなく、数学を楽しむうえで重要なのです。

　そして、応用問題を解くにあたって、そのパターンを押さえておくことです。最低限のパターンが頭に入っていなければ、解法を見ても「どうしたらこの問題が解けるようになるのか」が全く見当もつかなくなるからです。

　IQ問題でたとえるなら、「パンはパンでも食べられないパンはな〜んだ？（答え：フライパン）」といった問題はみなさん楽しめると思います。しかし、異次元から転生してきてフライパンを全く見たことも聞いたこともない人にとっては、「えっ、フライパンって何!?　それって食べられないものなの？　どういうパン!?　全然わからない!!」となってしまい、全く腑に落ちず、楽しめないのではないでしょうか。

　パターンを入れておくことで、初めて応用問題を楽しめるようになるのです。

　僕は数学が大好きです。もし今後、みなさんと数学の楽しさを共有できたらこれほどうれしいことはありません。

4　数学でオススメの参考書

　最後に、数学のオススメの参考書を紹介させていただきます。まず基本問題の学習において数学でオススメの教科書は、

「黄チャート」として有名な『チャート式　解法と演習数学』や、『サクシード』もしくは『4STEP』シリーズ（以上、すべて数研出版）です。

どれも全範囲を網羅的にカバーしているうえ、例題も教科書基本レベルから教科書応用レベルまで扱われています。お好みのものを1冊お使いください。

ひと通りの基礎ができ上がったら『大学への数学　1対1対応の演習』（東京出版）シリーズがオススメです。

教科書応用レベルから入試標準レベルまでの範囲をひと通り網羅的に復習することができます。ただし、基本が入りきっていない人にとっては、ややレベルが高いので注意してください。

より難易度が高い問題に取り組みたい場合は、毎月刊行されている『月刊　大学への数学』（東京出版）がオススメです。

こちらは基本問題から東大、京大といった難関校レベルの問題まで幅広く取り扱っています。解答例が非常にスマートで、興味本位でページをめくっているだけでも勉強になります。僕自身、暇なときに読書感覚で眺めていました。数学力に自信がある方は、巻末の学力コンテストに挑戦してみてはいかがでしょうか。

02 | 国語

　国語、特に現代文については、「自分は日本人なんだから、勉強しなくても点数を取れる」「国語は勉強しても点が伸びないから、他の勉強をしていた方がいい」という印象を持っている方も多いことでしょう。これは全くの的外れというわけではないのですが、ここでは「国語の勉強を全くしないのは損だ」ということについてお話ししていこうと思います。

1 | 国語を学ぶメリット

　実は**国語は、勉強するメリットが一番多い科目**と言っても過言ではありません。ここでは、初めに現代文を学ぶメリットについて述べたうえで、簡潔に古文と漢文を学習するメリットについても触れようと思います。

　まず、現代文を学ぶメリットは、大きく分けて５つあります。それは、

　①「要約力がつく」

● CHAPTER 4 ●
高校・大学受験を完全攻略する
——５教科の解体"真"書

201

② 「他の科目の成績も伸びる」
③ 「語彙が豊富になる」
④ 「文章からの学びがある」
⑤ 「文章を読むのが楽しくなる」

です。このうち「文章を読むのが楽しくなる」については、「国語の楽しみ方」で述べるとして、それ以外について詳しく見てみましょう。

1. 現代文を学ぶと要約力がつく

現代文を勉強すると、大きなメリットとして、「要約力」が身につきます。この「要約力」は、複雑な物事を「要はこういうことでしょう」とまとめる能力です。小難しい評論文の要点を摑んでいくうち、この要約力が磨かれていくのです。

要約力は、情報が氾濫している現代社会において重要性を増していると言えます。情報があふれかえっているからこそ、発信した情報が、きちんと読み手に受け取ってもらえるとは限りません。相手に興味を持ってもらい、しっかりと理解してもらえる文章を届けるためには、その内容が「的確に要点を摑んでいて、かつ、読みやすい」ことが重要な条件になるでしょう。そして、まさにそのような発信力を育てるためにも、「要約力」を磨いておくことは、今後、非常に有用になってくるのです。

また、この要約力が磨かれると、情報の海のなかから、自分にとって大事な情報を吸収する能力が格段に上がります。

　というのも、莫大な情報を要約することによって、その情報がコンパクトサイズになるからです。洋服ダンスに服を乱雑にいれてもうまく収納できませんが、服をキレイに折りたたむことで、タンスにたくさんの服を収納することができるようになるのと一緒です。

　そして、情報がコンパクトになればなるほど、それらの情報を俯瞰できるようになるので、情報間のつながりが見えやすくなります。

　すなわち、それらの情報の体系的な理解が容易になります。

　結局のところ、人は情報を要約できるようになって初めてその情報を自分のなかで咀嚼できたと言えるでしょう。要約力をつけると、同じ文章を読んだとしても、そこから学べるものが格段に増えます。要約力がある人とない人が同じ教科書を読んだ場合、そこから学べる量にも質にも差が生まれてしまうのです。その差がどんどん積み重なっていくと考えると恐ろしい気持ちになりませんか？

　ところで、今本書を読んでいるあなたが中学生だとしたら、高校生になったとき、大学生になったときに、もう一度本書に目を通してもらえたら嬉しいです（流し読みで構いません）。

　年齢を重ねるにつれて自分の体験が増えるので、感じることも多くなるでしょうし、また、「要約力がついていく」と思うので、必ずや新しい発見があることでしょう。

● CHAPTER 4 ●

高校・大学受験を完全攻略する
——5教科の解体"真"書

2. 現代文を学ぶと他の科目の学力も向上する

現代文を勉強する最大のメリットは、国語の成績に限らず、「他の科目の学力も向上すること」と言えます。これは、先に述べた「要約力」が上がることの当然の帰結だということに気づくでしょう。

たとえば数学の勉強法は、解答を見て「要はこういうことだ」という抽象論を抽出すること（≒幹を見極めること）が重要だとお伝えしました。また、記述式の問題では、その問題の要点を得た必要十分で論理に矛盾のない記述をすることが求められます。この能力は、要約力そのものでしょう。

また、日本史や世界史の場合にも、様々な登場人物と出来事があるなかで、時系列に沿って要点を摑んでいくことは、体系的な理解のために必須と言えるでしょう。

さらに、英語も同様に、国語力が影響する科目です。これは「要約力」と関係なく理解していただけると思うのですが、その理由は、「英語が、英語で書かれた現代文だから」です。英語の問題はある程度のレベルになると、文章の内容が哲学的だったり法学的だったりと専門性が高くなり、日本語訳すらも難しいことがあります。そういった場合に国語がボロボロだと、必然的に英語もボロボロになってしまいます。

すなわち、「外国語における言語能力は、決して母国語にお

ける言語能力を超えられない」のです。逆に言えば、母国語を
勉強することで、外国語の能力も引き上げることができます。

　実は昔、僕自身も国語系の科目を勉強することにあまり価値
を感じていませんでした。そして、現代文の評論をそれほど時
間をかけて勉強していませんでした。それは多くの方と同じで、
「日本人だから国語はわかるだろう。わざわざ突き詰めてやる
必要はない」と思っていたのです。
　しかし、高校の定期試験で転機が訪れました。当時の僕は
ゲーム感覚で「なるべく高い点数を取ってやろう」と、国語の
評論を突き詰めて勉強してみたのです。
　その結果、あまり点数のよくなかった現代文の成績が伸びま
した。ここまでは想定内です。しかし、一緒に英語の成績も上
がったのです。

　このように、**国語力を上げると、英語や数学など他教科の成
績も上がる**のです。

3. 現代文を学ぶと語彙が豊富になる

　また、現代文を学ぶメリットの1つとして忘れてはならない
のが、「語彙力が豊富になる」ことです。「母国語の語彙力」は
多くの点で重要です。たとえば先述した「外国語における言語
能力は、決して母国語における言語能力を超えられない」こと
から、外国語の潜在的な語彙力を伸ばす意義につながります。

● CHAPTER 4 ●
高校・大学受験を完全攻略する
——5教科の解体"真"書

また、使用できる語彙が増えることで、試験の答案での表現力が上がったり、友人や家族との何気ない会話も豊かになったりするでしょう。

　逆に使える言葉が限られると、頭のいい人から「この人とは話が合わないな」と思われてしまいかねません。人は周りの人から、ある程度の頭のよさや説得力を言葉遣いで判断されています。そのため、どんなに思慮深い人でも、たかだか使える言葉の数が少ないというだけで誤解されてしまう可能性があるのです。日常生活でしなくてもよい損をしないためにも、語彙力はできるだけ磨いていきましょう。

　語彙が増えることは、日常のコミュニケーションを円滑にすることにもつながっていきます。

　そしてもっとも重要な観点として、語彙力が「見ている世界を広げてくれる」ということがあるでしょう。

　たとえば、あなたが虹を7色だと認識しているのはなぜでしょうか。それは「赤橙黄緑青藍紫」という言葉が与えられているからに過ぎません。そもそも、虹には無限のスペクトルがあり、連続的に色が変化しているのです。しかし、日本人はこの無限のグラデーションを、無理やり上記7色に分類したから7色として認識しているだけのことです。

　この例からも、自分がどのように世界を理解するかは、語彙によってある程度規定されていることがわかります。たとえば、「バーナム効果」という言葉を知っているかどうかで、巷にあふれる「なんちゃって心理テスト」の大半の見方は変わることでしょう。興味のある方はぜひ調べてみてください（なお、この

言葉自体は現代文で学べるものとは限らず、あくまで語彙力が見る世界にいかに影響を与えるかの例に過ぎません）。

4. 現代文を学ぶと、問題文からも学びがある

　現代文を学ぶメリットとしては、「その文章自体から学べるものが多い」ということも挙げられます。一般的に、現代文の問題として扱われる文章は質の高いものが多いです。読書家と呼ばれる人たちは、そのような質の高いものを楽しみ、そしてさらなる知見を得ることを楽しみとしています。現代文の学習を通して、そのような質の高い文章に触れられるので、新たな知識・知見を得ることができるでしょう。そしてそれらが身についていると、人と会話をするときの引き出しにもなります。

　また、現代文を学ぶことで身につく意外な力として、「適切な具体例を示せるようになる」ことも挙げられます。
　現代文の評論文は基本的に「抽象部分→その具体例→抽象部分の総括」の繰り返しで構成されていることが多いです。筆者が伝えたいことは抽象部分に込められていて、それこそが読者が新たに得られる知識・知見といえます。しかし、同時に自分の引き出しにその抽象部分の具体例がストックされていくことで、人生はより有意義なものになっていくはずです。
　たとえば、つい先ほどの「7色の虹」の例は現代文の勉強をしていれば飽きるほど出てきます。
　具体例がストックされると、人に「わかりやすく」物事を伝

● CHAPTER 4 ●
高校・大学受験を完全攻略する
—— 5教科の解体"真"書

207

えることができるようになります。さらに、自分のなかでも抽象部分についての理解が大きく深まることでしょう。このことはChapter 3で述べた「具体と抽象を行き来して理解を加速しよう」を参照していただければ理解してもらえると思います。

　良質な文章にたくさん触れることで、人生を豊かにできると思えば、現代文の勉強もかなりお得に感じるのではないでしょうか。

5. 古文・漢文を学ぶことのメリット

　最後に古文漢文を学ぶことのメリットについても、簡単に触れておきます。この2科目については学ぶ意義を全く感じていない方もいるでしょう。正直僕もその1人でした。しかし、振り返ってみると次のような意義があったことに気づきました。

　まず1つ目は、外国語の学習の練習になることです。古文・漢文は厳密には現代語と異なる外国語に分類できますが、その性質は現代語に近いものがあります。つまり、勉強するのが他の外国語と比べて簡単です。このことから、古文・漢文を学ぶことは、他の外国語を習得する際の練習にもなると感じています。

　2つ目の意義として、古来の人々の価値観を知ることができるという点が大きいでしょう（このような「いろいろな文化に触れる」ということについては、「社会」で述べることにします）。

　最後に、古文・漢文で扱う文章はどれも有名です。たとえば

論語など、道徳的かつ常識的なものも多いです。大人になるにあたっての「教養」として学んでみてはいかがでしょうか。

2 国語の勉強法

　ここでは初めに語彙、特に漢字について軽く触れて、現代文の勉強法について述べていきます。そして最後に、古文・漢文の勉強法についても軽く触れていきます。

1. 語彙力と漢字力は常識人の必要条件

　語彙力があまりにも乏しく、現代文の点数が伸びないというのは、読解力以前の問題です。語彙は後述の『現代文キーワード読解』(Ｚ会出版) などで増やすのもよいでしょう。また、文章中に出てきたわからない単語をその都度ノートに書いて、自分だけの単語集を作るのもオススメです。

　語彙力と同じくらいわからないと恥ずかしいのが、漢字です。テレビで、芸能人が漢検２級を持っていたら賢いとされる傾向にありますが、正直に言うと、日本人である以上「漢検２級すら取れない大人はヤバい」と思います。このようなヤバい大人にならないように、試験の有無に関係なく、せめて漢字は勉強しましょう。

　その勉強法はひたすら反復、アウトプットに尽きます。勉強の際、単語がたくさん出てくると思いますので、そこから漢字

• CHAPTER 4 •
高校・大学受験を完全攻略する
——５教科の解体"真"書

209

本来の意味を摑みながら、語彙を増やすとよいでしょう。この語彙が増えることも、漢字を勉強する大きな意義なのです。

2. 現代文の勉強は文章を要約していくことに尽きる

現代文の攻略法はただ1つです。自分のレベルに合った参考書を選び、そこに載っている文章のロジック（論理）を説明できるようになることです。

現代文の評論においては、著者が「ある結論」にたどりつくために、色々なロジックが組み立てられています。

そして、入試問題などはロジックをしっかりと理解できてさえいれば、よほどの悪問でもない限り、そこに選択式や記述式などのどんな設問がついていようと、正答できるようになっているのです。

そのため、日頃からその評論が「どういうロジックで、どういう結論に至ったか」を文章構造に沿って、人（自分でも可）に説明する練習をしていきましょう。たとえば、「まずこういう導入があって、こういう問題提起をして、こういう抽象論が来て、次にその抽象論の具体例が2つ来て、結局こういう結論に落ち着いた」などという感じです。

たとえ小説であっても、一定のロジックがあります。人に説明して「え？　どういうこと？」と言われないような説明を心がけてみましょう。自然と読解力が上がり、点数アップへつながります。

このように整理整頓して説明してみると、「ここのロジック

210

とここのロジックが飛んでいるから、あまりここのところを理解できていないな」などと違和感を持って、自分の理解不足を自覚できるのです。

　そして、この「文章のロジックを頭のなかで説明する」という作業は、問題演習中でも必ずおこなってほしいのです。**点数を取るためには、流れを意識しながら文章を丁寧に読む**ことが大切です。あれこれ考えながら読み進めていくうちにこれまでのロジックを忘れてしまったときは、決して先に行かず、いったん立ち止まってください。そして、必ず前に遡って、引いたマーク（引き方は後述）を確認しながら「これがこうなってあれがこうなって……それで今のこの話題につながっていったのか！」と確認してから、先を読み進めるようにしましょう。

3. どのようにマークを引いていくか

　ここでは文章にどのようにマークを引いていくかについて述べていきますが、そもそも文章を読むときは「いついかなるときも」筆記用具を持ってマークするようにしてください。マークすることによって、文章に対して真剣モードになります。いわゆる「スイッチが入った状態」になるのです。

　さて、マークの仕方を語る前にお話ししておくべきは、「マークする目的」です。どうして現代文の問題文を読む際、重要部分をマークするべきだと言われているのでしょうか？

● CHAPTER 4 ●
高校・大学受験を完全攻略する
5教科の解体"真"書

211

理由は、**文章を読み返したとき、マークした部分を押さえることで、最短で内容をさらえるようにできる**からです。すなわち、ロジックを見失ってしまったら、初めからマークだけ追っていけば、どのようなロジックで話が進んでいったかを自分なりに思い出せるということです。

　この目的に照らせば、マークに凝り過ぎる必要はないし、むしろそこに時間をかけ過ぎるのは、害になり得ることがわかります。というのも、ある程度重要そうなところにマークできていれば、それが最適でなかったとしても、自分なりに文章の流れはわかります。マークに凝り過ぎてしまうと、そちらに気を取られて、肝心のロジックを忘れてしまう可能性が高くなるのです。

　つまり、マークを引くことに意識を向け過ぎず、「ここは重要そうだな」と思ったところなどを**「ノリで引いていく」**のが**ベスト**だということになります。

　「ノリで引く」とは、自由気ままに引くという意味ではなく、**線を引くことにとらわれず、文章の流れを追うことに集中して、直感で大事だと思った部分に線を引く**ということです。

　特に試験では時間が限られているので、マークをノリで引く際は、せいぜい以下の3点に気をつければよいでしょう。

　まず1点目は、**「大事そうなところ」をノリでマークする**ことです。その際、筆者が繰り返している部分はもちろん、"しかし"や"すなわち"などのあとが大事であることが多いです。

212

大事そうなところにマークしておけば、マークだけ追ったときにも、ある程度文章について理解できるようになります。

2点目は、**具体例を大きくカッコでくくったうえで、具体例の前後の抽象論のつながりを意識する**ことです。筆者が本当に伝えたいものは抽象論であって、具体例は抽象論をわかりやすく伝える手段に過ぎません。そのため、ロジックを追うという目的からすれば、具体例はあってもなくてもよい無駄な部分ということになるのです。具体例をカッコでくくることによって、**「ここはロジックを追ううえで不必要だ」という目印**になり、問題を解く際、精密に文章の論理を追っていく必要があるときも、大幅に時間を短縮できるようになるのです。

なお、この目的に鑑みれば、具体例に限らず、言い換えや筆者の余談など、ロジックを追ううえで不必要な部分はすべてカッコでくくりまくってしまうのもよいでしょう（僕は一文の途中ですらカッコを入れることがあります）。

3点目は、**何と何が対比されているかを意識する**ことです。対比構造のある文章は問題で問われることが多いうえ、複雑になってくると勘違いの原因になりやすいからです。ただし、マークを分けるかどうかはどちらでもよいでしょう。「○○は波線で、□□は破線で……」と、線を引くことに注力し過ぎるとロジックを見失ってしまう恐れがありますし、何より時間がかかります。意識さえできればよいのです。

そして再度になりますが、文章を読んでいる間に、どんな流れでその話題になったかを忘れてしまったときは、しっかりと前に遡ってマークを追うことを忘れないでください。

4. 読む速度を上げるには

文章を読む速度を上げるには、とにかく数をこなすこと、これに尽きます。ただ本を読むのではなく、実際の問題を解くときと同じように、マークしながら自分でロジックを説明する作業を丁寧に何回もやってください。そのうちに、作業に慣れて速くなっていきます。

逆に、「読む速度を速くしないといけないから」という意識のもと、普段の学習から内容を理解せずに読みまくるのはよくありません。適当に読む癖がついてしまいます。

実際、僕は昔、英語でその癖を身につけて失敗してしまいました（英語も現代文と同じであることは少し触れましたが、後述します）。適当にササッと文章を読み、中途半端に目についた部分をまとめて解答していたのです。そのせいで当時、点数につながらず英語の成績が伸び悩んでしまっていました。

この「多読」がもたらす副次的なメリットとして、様々なジャンルに慣れることができる点が挙げられます。現代文の文章は他の文章と内容が重なることがしばしばあり、「あれ、これどこかで読んだことあるぞ」と思いながら読むと、スムーズに文章を理解できるようになります（もちろん先入観を持って試験に臨んではいけませんが）。

現代文で点数を取るためには、流れを意識しながら、文章を

丁寧に読むことが大切です。丁寧に読むというのをひたすら繰り返して、慣れてください。

5. 古文・漢文の勉強法も少しだけ

古文と漢文は、結局どちらも外国語であり、英語の勉強法とかなり似たところがありますので、詳しくはそちらを参照してください。

古文の勉強は、活用形、助動詞や係り結び、敬語などの文法と頻出の単語を押さえましょう。その際、マニアックなものは深追いせずに、問題に出てきたらその都度確認する程度に留めれば十分です。そして、文章問題を実際に解いて「なるほど、試験ではこう出るんだな」と問題に合わせて微調整していきましょう。なお、いわゆる古文常識については、それ単独でガッツリ勉強するのは、はっきり言ってコスパがめちゃくちゃ悪いです（個人の感想です）。問題に出てきた重要なものだけを、必要に応じて頭に入れていくのがよいでしょう。

漢文も同様に、最低限の構文とよく出る漢字を押さえて、あとは文章問題を解きながら漢文に慣れていきましょう。

3 国語の楽しみ方

国語の楽しみ方は、その文章自体を楽しむことに尽きるでしょう（これは古文・漢文も含みます）。その文章を面白そうだ

● CHAPTER 4 ●
高校・大学受験を完全攻略する
5教科の解体"真"書

215

と思えるかどうかは、自分の好奇心にかかってきます。勉強という意識を持たずに、雑学を仕入れているという感覚で臨むとよいでしょう。

とはいえ、評論は堅苦しく、楽しみづらいという方も多いでしょう。そういう方は、**作者の考えに「それはないだろう」や「この考え方は賢いなあ」などと、ツッコミやあいづちを入れながら作者と対話するイメージで読み進める**ことで、楽しく文章と向き合えるようになります。

また、国語力がつけばつくほど評論文を読むのが楽しくなるはずです。というのも、文章のロジックを摑むための労力が少なくなっていくうえ、筆者の言っていることが的確にわかるようになるので、仕入れられる雑学も多くなるからです。

初めはつまらなくても、ぐっとこらえて勉強していくと、楽しい世界が見えてくるかもしれません。

1つ注意しなければならないのは、もし現代文がめちゃくちゃ好きになったとしても、試験に受かりたいのなら、勉強はほどほどにしましょう。現代文の勉強は他の科目の点数の底上げになるということは事実ですが、ある程度勉強するとコスパが若干悪くなるという側面があります。得点の最大化という観点では、他に苦手科目がある場合は、そちらを勉強した方がコスパはよいのです。したがって、現代文の勉強は、評論を週に1〜4個くらい要約していくくらいがちょうどよいでしょう。

4 国語でオススメの参考書

　現代文の評論でオススメの教科書は、「評論の解説でしっかりした解説が載っている本」として『ちくま評論』（筑摩書房）をオススメします。本の後ろに、「1段落目は導入で、2段落目から4段落目は具体例がある。最後の○○がまとめで……」などのように、文章のロジックについて図解が載っていて、とてもわかりやすいです。

　また、誰もが感じる疑問の解説が、Q＆A形式でところどころに載っているのもよいところです。『ちくま評論』は、「入門」と「選」の2種類があります。自分のレベルに合わせて選ぶとよいでしょう。

　使える言葉を増やすなら、『現代文キーワード読解』（Z会出版）という本がオススメです。『ちくま評論』は長い評論をベースにしている一方で、『現代文キーワード読解』は単語の解説に重点を置いた内容になっています。

　まず単語が掲載されていて、次に単語の解説があるのですが、それに加えて、実際にその単語が使われた評論が1ページ分掲載されているのも特徴です。また、評論で迷子にならないよう、その評論の要約が書いてあります。一体どういう意味なのかを辞書的に理解するだけでなく、その単語が文章中でどう出てくるかを見られるので、使える言葉が自然と増えていきます。さらに、評論が1ページに収まる程度の長さなので、語彙力を上げる意味だけでなく、評論の導入として活用する意味でも効果

● CHAPTER 4 ●
高校・大学受験を完全攻略する
──5教科の解体"真"書

217

的です。

　古文単語は、『古文単語ゴロゴ』（スタディカンパニー）がオススメです。その名の通り、語呂合わせで古文を覚えていきます。古文に苦手意識がある人にとっては、効率的に暗記できるオススメ本です。

　漢文は、『漢文早覚え速答法』（学研マーケティング）がオススメです。この本は漢文で点を取ることに徹底しており、かなり効率的に勉強を進めることができます。

03 | 英語

1 | 英語を学ぶメリット

1. 英語が得意だと、入試で安定する

英語を攻略している人は、入試でかなり安定します。 これが英語の一番大きなメリットです。

入試の英語はセンスよりも、いかにコツコツ勉強を積み重ねられるかが重要になってきます。他の科目と比べても特に、勉強すればするだけ実力がついてきて、点数のブレも小さい科目です。しかも、英語は多くの学校で配点が高く設定されています。そのため、**英語は勉強量が点数に大きく直結する科目なの**です。

実際、僕の友人にも、数学は1問しか正解していないくらい壊滅的だったにもかかわらず、英語で稼いだ結果、東大に受かってしまったという人もいます。

「英語を制する者は受験を制する」といっても過言ではないと僕は思っています。地道にコツコツ勉強を積み重ねて、英語を

● CHAPTER 4 ●
高校・大学受験を完全攻略する
——5教科の解体"真"書

219

制しましょう。

2. 英語を学ぶと実利がある

　他にも英語のメリットは山ほどあります。

　まず、英語ができると就職や昇進に有利です。就活でTOEICやTOEFLを受けた際、「もっと英語を勉強しておけばよかった」と後悔している人はとても多いのです。

　そもそも、いい大学に入る目的の１つとして、いい企業への就職を意識している人も多いのではないでしょうか。就活での成功を目標にしているならば、英語を頑張れば、受験の先にあるゴールの１つ、就職までうまくいきやすくなります。

　仮に就職せず起業したとしても、いろいろな取引をする過程で海外の人と交流するかもしれません。そんなとき、海外展開できるかどうかは自分の語学力にもかかってきます。

　また、日常でも英語ができることで、Twitterなどに流れてくる英語のギャグを楽しめたり、字幕と台詞が違う洋画をそのまま理解して楽しめたりするなど、ちょっとしたことの積み重ねで情報量が増えていくというメリットもあるでしょう。

　このように、**英語は人生におけるどのステージでも必要になってくるスキル**と言えるでしょう。だとすると、英語を制するのが早ければ早いだけ、それによって被る恩恵も多くなるということです。

　今後の人生で「英語ができたら有利だな～」と思うたびに、

涙をのんで頑なに英語を勉強しないのか、それとも英語をマスターして今後の人生で大きなアドバンテージを取っていくのかはあなた次第です。

2 英語の勉強法

　英語については「読む・聞く・書く・話す」の4つの観点があるかと思います。初めに読解とリスニングに焦点を合わせて話していき、その後でライティングとスピーキングについて触れていきます。

1. 英文読解は現代文と同じように対策できる

英語は、現代文がそっくりそのまま英語になった科目です。そこで、まずは「僕たちがどのように日本語で書かれた文章を理解しているか」についてお話しします。

　当たり前ですが、文章は文の集合であり、文は単語の集合です。そして、その単語は文法というルールに従って並んでいます。

　つまり、僕たちが日本語の文章を読むときは、まずは単語同士を文法に沿ってつなげていき、文を理解していきます。そして、それらの文同士を接続詞などを用いて一定の意味のもとでつなげていくことによって文章として理解しています。

　これは英文を読むときも同様です。まずは単語レベルで理解

● CHAPTER 4 ●
高校・大学受験を完全攻略する
—— 5教科の解体"真"書

221

して、英文法というルールのもとで構文を取って1つの文としての意味を追っていきます。そして、意味を摑んだ文同士のつながり・ロジックを理解していきます。

さて、英文読解が苦手な人は、上記の過程のどこかで詰まっているはずです。その詰まっているところをしっかり分析するのが出発点になります。

では、そのつまずいている部分の分析ができたとします。「どこの部分からどんな勉強方法で勉強すればいいのか」を、順に説明していきます。

①単語レベル

これについては、暗記に尽きます。反復とアウトプットを意識しましょう。詳しくはのちほど述べます。

②文法レベル

これについても、ある程度体系的に理解したあとは、暗記に尽きます。

ここで注意すべきことは、あまりマニアックな文法の勉強にこだわらないことです。大事なのは文法をマスターすることではなく、文章が読めるようになることです。

ですから、「文章を読むのに最小限の文法」さえ押さえれば、あとは長文をひたすら読みながら「この文法ってなんだ？」と思った時点で、その都度確認すればよいのです。

③構文レベル

これは一文が長いときに、主語・動詞を見極めるなどして、

いかに文法に矛盾なく文を解釈していくかというものです。志望する大学によっては一文が10行前後にわたるものも出題されることがあります。基本的な文法と単語（の品詞）が頭に入っていれば、あとはパズル感覚で進めていくことができますが、その際は、常に自分がどの文法（ルール）を使って解釈していったかを意識しましょう。これは、抽象論を意識することと同義です。構文を学べる参考書は山ほどあるので、志望校や自分のレベルに合わせて練習してみてください。

④文章レベル

　これは多くの人が忘れがちですが、大変重要です。

　英語も言語なので、現代文同様の思考回路を英文においてもできるようにしなければなりません。

　すなわち、読んだ文章が「どういう流れで、どういうことを伝えたい文章だったのか」のロジックを、人に説明できるようにしなければならないのです。

　英語の長文を読むときは、①〜③に気を取られ過ぎるあまり、そのロジックを忘れてしまいがちです。確かに、10行にもわたる文の構文を分析していたら、どのような話をしていたかを忘れてしまうのは無理もありません。ただ、だからこそ現代文と同様に、前に戻ってロジックを再確認するべきなのです。**長文読解になると単語・文法・構文の学習ばかりに気を取られやすいですが、必ず「ロジックを追う」ことも忘れないでください。**

　このロジックを追っていく練習は、現代文と全く同じで、たくさんの文章を丁寧に読み、それらの文章のロジックを人に説明できるようにしていくこと。これに尽きます。あまりにロ

● CHAPTER 4 ●
高校・大学受験を完全攻略する
5教科の解体"真"書

223

ジックを追う力が欠如していると感じたら、現代文の勉強から
始めてもよいでしょう。

　この①〜④の勉強はその順に詰めていく必要はありません。
行ったり来たりしながら何度も塗りなおしていきましょう。
　とにかく重要なことは、細かい文法を勉強するくらいなら、
英語長文を現代文と同じ流れで読んで、そのロジックを説明す
ることをひたすら繰り返すことです。これを繰り返していくう
ちに、たとえば３行にわたる文程度であれば、文法を意識せず
とも意味が取れるようになっていきますし、当然ロジックを掴
む速度が速くなっていきます。その際、速読を意識するがあま
りに雑に読んではいけないのは現代文のところで述べた通りで
す。
　そして、細かい単語や文法については、文章を読んで登場し
た際、その都度確認していけばよいのです。

２. 英単語はウルトラ重要

　英語を勉強していくうち、**最終的に差が出てしまうのは英単
語力**です。これは英語強者の人々が口を揃えて言っていること
なので本当です。英単語力があるかどうかが、合否を分ける大
きな鍵となることでしょう。
　英単語力というのは、単語の意味をただ思い出せるというこ
とに限りません。
　たとえばライティングでは、日本語を見て適切な英単語を

引っ張ってこなければなりません。アクセント問題もあります
し、文法問題はイディオム（慣用句）がそのまま聞かれることも
しばしばあります。リスニングにおいては、単語の意味を思い
出している間にどんどん英文が読み上げられていくので、単語
を聞いた瞬間に頭のなかでその単語の意味がイメージできてい
なければなりません。

　このように、**英単語については、どのような問われ方でも完
璧に答えられ**、かつ、その単語を聞いたら**その意味が「情景とし
て思い浮かぶ」ようにする**のが重要なのです。

　そのためにはまず、単語を勉強するときに、CDなどがつい
ているテキストで発音をその都度確認するようにしてください。
CDがついていない場合は、発音記号を見て確認しましょう。
もちろん、**発音は日本語英語ではなく、しっかりとネイティブ
風にマネして覚えましょう。**みんなの前で音読するのは恥ずか
しくても、1人での学習ならできるはずです。音声を真似る理
由は、**自分が発音できないものは、リスニングでも聞き取れな
いから**です。センター試験のリスニングだけでなく、将来受け
るかもしれないTOEICやTOEFLを見据えるのなら、必ず発音
をしっかりと覚えましょう。

　また、**英語はイディオムを必ず意識するようにしましょう。**

　たとえば、「appointment（約束）」という単語を覚える際は、
よく使われる形である「make an appointment with」という塊
で覚えるということです。このようにして初めて自分でその単
語を使えるようになり、長文やリスニングなどでそのまとまり
が出てきたときに、意味の捉え間違いを防げるのです。

● CHAPTER 4 ●
高校・大学受験を完全攻略する
——5教科の解体"真"書

225

そして**暗記のコツとして、単語の和訳をそのまま覚えるのではなく、毎回脳内で映像を想像する**ことが重要です。

たとえば、「submit（提出する）」と英語で言われて、日本語で「提出する」と訳すのではなく、その提出している風景をイメージするのです。英語と日本語のバイリンガルは英語を理解するときに、日本語を媒介しません。英語を聞くとそのままその意味が思い浮かぶのです。バイリンガルが想像するのと同じように、脳内にイメージを浮かべてください。

大学入試に必要な英単語は、派生語を除くと大体2000単語です。日々の細かい時間を見つけては少しずつ覚えていきましょう。そして、反復とアウトプットは必ず意識しましょう。

なお、気合いがあれば、単語は誰でも1日に250単語くらい覚えられます。1単語に1分もかけたとしても、単純計算で250単語は250分（≒4時間）です。8日間（＝2000÷250）本気を出せば、大学入試に必要な英単語を1周覚えられると考えたら、少しやる気が出てきませんか？

もし本当に達成できたら、あなたは英語が一気に得意になることでしょう（もちろん1周覚えただけでは忘れてしまうので、何度も覚えなおしていきましょう）。

3. リスニング対策は文章が映像で イメージできるまで読み込むべし

次に、リスニングの勉強方法について述べていきます。

これについては読解と一緒に勉強してしまうのが一番効率的

です。読解の教材はCD付属のものを選ぶのがよいでしょう。

まずはCDを聞いてその文章の意味をなんとか捉えてみましょう。もしなかなか捉えられなかった場合は、英文をサッと読んでみて、再度CDを聞いてみましょう。次に、英文を見ながらCDを流して、自分が正確に音を聞けていたかの確認をしましょう。

その後は、英文を見ずにCDを聞きながら、聞こえてきた音声をそのまま被せて声に出す「シャドーイング」を繰り返すのがよいでしょう。

最終的なゴールとしては、「**シャドーイングをしながら、自分の発した文章の情景が頭のなかでイメージできるところまで持っていくこと**」です。

このゴールにまで達した文章をどんどん増やしていくことによって、英文を聞いたときに、自然と頭のなかで情景が思い浮かぶようになっていきます。そうなれば、リスニングは制したも同然でしょう。

4. ライティング、スピーキングの勉強法

この2つについては、大学入試英語に外部試験を導入する風潮からもわかるように、その重要性は非常に増してきています（重要性は以前から高く、入試制度がその重要度にようやく適応したと言った方が正確でしょうか）。

これらは、これまでお話しした勉強をしていれば、どんどん力が身についていきます。というのも、単語力と最低限の文法、

● CHAPTER 4 ●
高校・大学受験を完全攻略する
——5教科の解体"真"書

227

そして多読やリスニングの勉強の過程で身につく「英語の語感」があれば、必要なスキルはほぼ揃っているからです。

そのうえでしなければいけないことは、実際に英文を書いてみることと、実際に話してみることに尽きるでしょう。

実際に英文を書いていくと、文法の積み重ね方や日本語に対応する英語の表現方法がわかっていきます。

ここで、ライティングについていうと、答えを確認したあとは、和訳を日本語としてではなく情景として頭に思い浮かべながら、その答えの英文をネイティブ風に口に出してみるとよいです。「ネイティブはこういう感覚で英語を話しているんだろうな〜」という感覚で英語を発すると、英語の語感がますます磨かれますし、スピーキングの力もついていきます。ぜひ、ネイティブを演じきっているうちに本当にネイティブになってしまってください。

また、ある程度長い自由英作文やスピーチについては、「Introduction→Body→Conclusion」という典型的なパラグラフ構成と、各パラグラフの基本的な中身も学び、日頃からしっかりと意識するようにしましょう。

3 英語の楽しみ方

英語はやはり言語である以上、その楽しみ方は現代文と同じで、文章自体を楽しみましょう。英語の力がつけばつくほど文章を楽しむ余裕が出てきます。初めはつらくても、いつかきっと楽しめるはずです。

また、僕にとって楽しかったのは長い一文の和訳でした。

英語は世界中の人が使っているだけあって、かなりロジカルに作られています。ですから一度英語のルールがわかると、パズルを解くように文章構造を理解できるようになります。「ここに形容詞があるのはルール上おかしい」といった風に理解できるのです。

長い一文の構文を取って和訳する手順は、文法ルールを矛盾なく適用できる解を見つけるという論理パズルゲームとしての側面が大きいのです。論理パズルが好きな人にとっては必ず楽しめるはずです。

最後に英語を勉強すればするほど自分の扱える世界が広がっていくことを感じると思います。この世界の広がる感覚自体を楽しみながら英語を勉強していってほしいと思います。

4 英語でオススメの参考書

僕は、英単語帳だと『システム英単語』(駿台文庫)を使っていました。単語帳に関しては、CD付きで発音が確認でき、全体をカバーしているものがあれば何でもいいと思っています。

構文の勉強については、僕は『英文解釈教室』(研究社)を使っていましたが、これは上級者向けでしょう。自分のレベルに合わせた構文の参考書を使うのがベストです。

文法は、内容の網羅性を重視して『総合英語Forest』(桐原書店)をオススメします。基本的にこの参考書に書いてない文法

は細か過ぎるので、無視して構いません。

　また、文章をたくさん読みたいなら『速読英単語』（Z会）を
オススメします。英単語の復習も兼ねつつ、それなりのレベル
の文章をたくさん読めます。CDが付属していることも大きい
でしょう。

04 ｜ 理科

---

1 ｜ 理科を学ぶメリット・楽しさ

　理科を学ぶメリットと楽しさは連動しているところが大きいので、ここではまとめてお話しすることにします。

1. メリット・楽しさは、世の中が華やかになること

　物理や化学、生物などを学習することの大きなメリットは**「今生きている現実世界が、いっそう楽しくなること」**です。これらの科目は、日常にあふれている不思議な現象に理由づけを与える「一種の雑学」を扱っているものといえるからです。

　たとえば、机の上にペットボトルがあるとします。そのペットボトルが動かない理由は、ペットボトルに重力と机からの垂直抗力が働いていて、その力が釣り合っているからです。動いていなくても、力が働いているのです。そして軽く指で押したくらいではペットボトルは動きません。摩擦により、力の釣り合いが保たれるからです。

● CHAPTER 4 ●
高校・大学受験を完全攻略する
——5教科の解体"真"書

231

この事実を、ただ「ペットボトルは動かないのかぁ」と思うのか、「ペットボトルが動かない背景にはこんな事実があったのか！」と楽しめるかは、その人の感覚によります。

というわけで、理科は雑学好きな人であればかなり楽しめる教科と言えます。

たとえば、「ダッフルコートの留め具（トグル）が独特なのは、寒い地域で手袋をしていても扱いやすいから」のように、「知っていても知らなくてもどうでもいいけど、知っていたらうれしい・面白い」という感覚はありませんか？

理科系の科目は、この「知っていたらうれしい・面白い」の連続です。その題材が世の中にあふれているものなので、なおさらそれらの雑学により世の中が華やかに見えるようになるのです。

そして、理科を知る面白さは、ある程度までは意図的に作れます。

新しい理科の理論を知ったとき、つまらないと感じても「でも冷静に考えると面白いかもしれない」と考えてみてください。冷静に考えて、何気ない電池のなかで電子が移動していることってすごくないでしょうか？　冷静に考えて、炎色反応のおかげで鮮やかな花火ができ上がっていることってすごくないでしょうか？

「よくよく考えてみたら、すごいことかも……」こんな風に、好奇心の幅を広げていきましょう。Chapter 1 でも述べましたが、何事も楽しめるかどうかはあなたの捉え方次第なのです。

また、「具体的にイメージしてみる」という方法も、理科の勉

強を楽しくするテクニックです。

たとえば、生物の人体に関する分野で、「ここに肝臓があって、ここに胆のうがあって、ここに消化管があって……」などと淡々とこなすのでは、単なる暗記になってしまいます。

そこで、自分の体のなかを透視した気分になって、「ここに心臓があって、この左心室からこういう道をたどって血液は循環していくのか！」などと考えてみるのです。

そうすれば、テレビから雑学を知って面白いな、と思う感覚で、理科も楽しく学ぶことができます。

ちなみに、勉強している内容が数式の羅列として扱われていると、どうしても楽しいとは思えないかもしれません。

たとえば、「ボールを斜方投射運動で投げた」という問題があったとします。これをただ「これを表現するには運動方程式を2つ立てて……」とするだけでは楽しくないかもしれません。

これを楽しくするには、現実世界で実際にボールを投げたところを具体的にイメージしてみることが大事です。自分が投げたボールがどれだけ飛ぶのかを、投げた瞬間に計算で求められるってすごく面白くないでしょうか？　イメージが具体的になり、身近に感じてワクワクできるのです。

そのイメージ化を手助けする方法として、実験も有効な手段だと思っています。

2. 理科が得意だと将来に役立つ

理科を学習することのメリットは、「今生きている現実世界

がいっそう楽しくなること」だと述べたことの裏返しとして、**理科は世の中を豊かにすることに直結しています**。野菜だろうがスマートフォンだろうが、今市場で売られている商品の多くは、なんらかの形で理科が関わっているのです。

だとすると、理数系の職に就きたいと思う人にとって、理科が得意であることは、就職したあとの強さに直結するといっていいでしょう。

数学はある事象を表現するためのツールに過ぎず、理科はその数学を使って実際にその事象を表現する「目的」に位置するというようにも捉えることができます。

「こんな先進的なモノを作りたい」と思ったときに、理科を勉強することで、それを表現できるようになるのです。

2 理科の勉強法

理科系の科目の勉強法は、数学の勉強法と暗記的側面をうまく融合させてください。

ですので、数学と同じように単元を見たら「これって要はどういうこと？」と、パターンとなる抽象論をあぶり出すようにしましょう。

まず、理科が持つ数学色について説明します。

理科は数学同様に、あるルール（＝抽象論）があってそのルールに従ってすべてのことが定まっていきます。物理でいうと運

動方程式やキルヒホッフの法則、化学でいうとアボガドロの法則やヘスの法則、生物でいうとメンデルの法則などがこれにあたります。しかも理科においては数学よりも**その抽象論の数が少ないうえ、応用パターンも限られています**。そういう意味で、コツコツ暗記が必要な英単語や社会と比べ、とてもコストパフォーマンスがよい科目だと僕は思っています。

そのため、これらをいかにパターン化できるかが重要になってくるのです。

その際、抽象論を定着させるために、実際に問題を解いていくことが欠かせません。これは先述した通り、抽象論の具体化である問題を解いて「あそこの抽象論はこういうことだったのか。こういう風に使われるのか」ということを繰り返して確認していくことで、抽象論をより自分のなかで具体的なイメージを伴って理解できるようになるのです。

そして理科は体系的な理解、すなわち「幹」を把握することも重要になってきます。Chapter 2で述べた方法などで、しっかりと抽象論間の関係性を含めて1つの地図を作り上げることが重要です。

次に暗記色については、理科でもある程度の暗記は必要です。化学でいうと化合物の色などがこれにあたります。数学が得意な人などはつい上記の抽象論の理解ばかり極めがちですが、最低限の暗記も怠らないようにしましょう。

● CHAPTER 4 ●
高校・大学受験を完全攻略する
――5教科の解体"真"書

逆に暗記が得意な人は、「理科は全部暗記すればなんとかなる……」と、暗記へすがりたくなるかもしれません。しかし**理系科目は最低限の部分さえ覚えれば、あとは自分で抽象論を応用するだけで補える**ことが多いです。あまり暗記に頼り過ぎず、上記の抽象論を押さえる作業をしていくのがよいでしょう。

このように、数学色と暗記色をうまく融合していくことがポイントです。物理、化学、生物の順に数学色が弱まり、暗記色が強まっていきます。それぞれの科目に合わせて勉強していくとよいでしょう。

3 | 理科でオススメの参考書

僕は入試において物理化学選択であったことから生物の参考書については疎いです。そのため、ここでは物理と化学に絞らせていただきます。

物理は僕が集中して点を稼いだこともあり、難関校向きになってしまうことをあらかじめお詫びします。

僕のオススメは『物理重要問題集』（数研出版）や『名門の森』（河合出版）です。

また、同じく難しい内容ですが『新・物理入門 問題演習』（駿台文庫）は個人的なお気に入りです。問題の難易度が高く、そして解法が自分好みだった点が気に入って使っていました。理科に限らず、参考書では解法を見て「この解説、わかりやすい」「自分は好き」と思えるものを選ぶとよいでしょう。

化学は、初めに僕がオススメするのは学校で配られるであろう文部科学省認定の教科書です。教科書に書かれていることを理解していれば、多くの問題に対応できるという印象を受けます。思考力を問う問題への向き合い方を学ぶオススメの参考書は、『化学　基礎問題精講』と『化学　標準問題精講』（ともに旺文社）です。また、僕が使っていた『理系大学受験 化学の新演習―化学基礎収録』（三省堂）は比較的難易度が高めでさらに思考力が鍛えられました。

05 ┃ 社会

1 ┃ 社会を学ぶメリット・楽しさ

　社会系の科目を学ぶメリットは、まず他人とのコミュニケーションに役立つ点です。**社会で学ぶ内容はいわば「常識」に属するものなので、社会ができなければ常識のない人として見られかねません。そういう意味でやらないデメリットが大きい科目**でしょう。

　また、メリットは科目によって様々です。

　地理や歴史を勉強する意義は、多様な文化、価値観に触れられる点にあります。

　自分の価値観を形成していくなかで、偏った価値観を持った人とばかり関わっていると、必然的に自分もその色に染まってしまいます。

　変化の激しい世の中を生き抜くためには、多様な価値観を身につけて、人生で直面する問題に対して多角的な視点からアプローチする必要があるのです。

　そんななか、地理や歴史を学ぶことは、時空を超えた全く異質の文化や価値観、考え方を学べる貴重な機会になるのです。

もちろん、異文化に触れる一番の方法は、実際に様々な国を
訪問して現地の人々と交流したり、世代を超えた経験を聞いた
りすることでしょう。しかし、単純に時間とお金がかかります
し、21世紀の僕たちが数千年前の文化に触れることはかなり困
難でしょう。

　地理や歴史を勉強するなかで、擬似的に多文化交流が実現さ
れるのです。この多文化交流は大きなメリットであると同時に、
楽しさでもあると思うのです。登場人物に自己投影しながら
「こういう状況でこういう考え方をするのか」「こういう適応の
仕方があるのか」「自分だったらこうするのに」などと考えると、
面白さが倍増するのではないでしょうか。

　また、歴史を学ぶことの意義として、歴史に学ぶことで自分
の人生の方向性を修正できることもあります。

　何事においても失敗からは多くのことを学んで反省を次に生
かせることから、「失敗は成功のもと」と言われています。要
するに、PDCAサイクルを回し続けることが重要ということで
すね。

　しかし、世の中には経験しなくてもよい失敗、回す必要のな
いPDCAサイクルがあります。それは先人がすでに犯した失敗、
回してくれたPDCAサイクルではないでしょうか。

　長い歴史のなかには先人たちが経験した数え切れないほどの
失敗があるのです。わざわざ自分が失敗しなくても、たとえば
「古代中国では自分を諫めた臣下を処刑したせいで国が滅びて
ばかりだな。僕は怒ってくれる友達も大事にしよう」などと**歴
史を自分の人生に生かすことで、失敗を経験せずに済む**のです。

● CHAPTER 4 ●

高校・大学受験を完全攻略する
──5教科の解体“真”書

239

そして公民あるいは現代社会の意義について簡単に触れると、これらは特に大人になったときの常識を身につける意味で必須です。

　ニュースで報道されている国会での動きや外国での紛争問題等は確かに知らなくても生きていくことはできます。

　しかし、自分の生活に直接的に関わることとして、そして同じ時を生きる者として、公民は学ぶべき教養だと言えるでしょう。

　ここでお詫びしなければならないのが、僕は理系で日本史選択であったことから、日本史以外の科目については勉強法などについて語れません。そのため、勉強法、参考書については日本史に限定してお話しさせてください。なお、これらの内容については他の科目にも流用できると思いますので、ぜひ参考にしていただけたら幸いです。

2 社会（日本史）の勉強法

1. 社会は説明できるストーリーを作る

　日本史の攻略方法は、初めはとにかくおおまかなストーリー（＝「幹」）を掴んでいくことが重要になります。ストーリーを作る際は、どんな人がどんな理由で何をしたかという点に着目していきましょう。

　このストーリーを一度でも頭に入れれば、細かなところを部

分的に忘れてしまったとしても途中を補完できます。まずは教科書をある程度読んで、歴史を1つのストーリーとして、ある程度説明できるようになるよう目指します。

　逆に、単語を片っ端から覚えないようにしましょう。

　単純な人名や国名・地名だけを暗記していても、それらの単語のつながりがわからないと、問題において思わぬ問われ方をすると全く太刀打ちできなくなってしまうからです。ですから、全体の流れを考えてストーリーを作ったうえで、そのなかに単語を埋めていくようにしてください。

　全体の流れを頭に入れるコツとしては、歴史を小分けにすることです。世界の歴史を類人猿から現代まで一気に押さえるには無理があります。しかし「今日は類人猿から農作の始まりまで」「農作の始まりから王政ができるまで」と**頭のなかでちょっとずつストーリーを重ね、つなげていくと最後には1つの大きな物語になります。**

　ですので、最初から一気に読むよりも、ある程度区切りがついた段階でぱっともう一度見返して、「こういう感じだったな」という確認作業をしてください。

　しかも、1回読んで理解した直後に読み返すと、すぐ復習が終わるし全体像が見やすいのでとても有意義です（Chapter 2のステップ4で述べた通りです）。

● CHAPTER 4 ●
高校・大学受験を完全攻略する
——5教科の解体"真"書

2. 問題を通して別の切り口で知識を見つめなおそう

　以上のように教科書で最低限の内容を押さえたら、実際に問題を並行して解いていくとよいでしょう。教科書ばかりを読んでいると教科書に記載されている切り口からしか見られないことが多くなってしまいます。なので、問題を通して他の切り口での再整理を試みるのがよいのです。

　たとえば、一般的な教科書では、飛鳥時代、奈良時代、平安時代と勉強していくなかで、それぞれの時代の最後に「この時代の文化は……」という風に文化史が記載されていると思います。これを、文化史だけ切り取って、「飛鳥文化、白鳳文化、天平文

図11：問題は別の切り口で知識を再整理してくれる

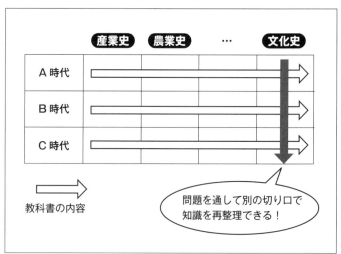

化、……」という新たな視点を取り入れてくれるのが問題なのです（図11参照）。

　こういう観点からすると、解く問題は**穴埋めの問題よりもストーリーを書かせる記述式問題を選ぶ**とよいでしょう。

　記述式の問題を解くメリットは、ストーリーのアウトプットができるうえ、日本史をいろいろな切り取り方で聞いてくれることが多いからです。既存の知識を別の角度から再認識でき、知識がより確固たるものとなります。

　たとえ記述式問題にうまく答えられなくても、解答を読むことで新たな発見があるはずです。また、**教科書では強調されていないために重要ではないと認識していたところも、重要な情報だと判明する**ことがあります。こうして**記述式問題で重要な点を理解したら、再び教科書を読みます。こうすることで、より深く教科書の内容を読み解く**ことができるようになるでしょう。

3 社会（日本史）でオススメの参考書

　日本史のセンター対策の参考書は、『センター試験　日本史Ｂの点数が面白いほどとれる本』（KADOKAWA）がオススメです。対話形式になっているため読みやすいうえ、日本史のストーリーを理解しやすいことが特徴です。本書がKADOKAWAから出るのでこれを言ってしまうのもなんですが、アニメのような表紙に最初は敬遠していました。しかし友

● CHAPTER 4 ●
高校・大学受験を完全攻略する
5教科の解体"真"書

243

達が使っていたのを見せてもらい、その有用性を知ってから、僕のなかでブームになりました（実は、僕のクラスでも流行りました）。教科書の知識を別の切り口で整理しなおせる参考書については、僕は学校の先生が作った冊子を使っていたのでわかりません。

06 | この章の最後に

　ここで1つ注意しておきたいのは、必ずしもこれらの勉強法をすべて完璧に実行していく必要はないということです。

　僕の場合、社会系の科目はセンター試験でしか使いませんでした。そして、東大においてはセンター試験の配点は大きく圧縮されるので、日本史は550点満点中10点分くらいの影響しかなかったのです。

　そのため、社会については必要最小限の勉強にとどめました。同様に、古文・漢文についてもコスパの観点から必要最小限の勉強しかしませんでした。

　このように、**自分の受ける大学の配点や得意・不得意、コスパの観点などを総合考慮して自分なりに優先順位をつける**のが、効率よく受験勉強をするコツなのです。

　さて、ここまで大学受験で使う主要5教科の勉強法について述べてきました。勘のいい方は気づいたかもしれませんが、実はこの勉強法の多くは、これまでChapter 1〜3で述べてきた勉強法を個別に適用しているに過ぎませんでした。

● CHAPTER 4 ●
高校・大学受験を完全攻略する
——5教科の解体"真"書

勉強法に限らず、様々なものには「本質」というものが存在していて、その「本質」は思わぬところで共通項があるものなのです。

「本質」を摑んで、その「本質」を共通項のある別の物事についても適用していく。このことは大変重要な能力です。勉強を通して、その本質を摑む能力を磨いていってもらえたらうれしいです。

EXTRA CHAPTER

僕の司法試験
合格体験記

この本を手にとってくださっている方のなかで、「司法試験の勉強について詳しく知りたい」という方はあまり多くないかもしれません。

ただ、Twitter等ではしばしば、僕がどのように司法試験の勉強をしてきたかについて聞かれます。司法試験の勉強に関しては、これまでの章でも具体例として度々登場しましたが、ここまでに出た勉強法の復習も兼ねて、軽くお話ししておこうかと思います。司法試験という具体例を使って説明しますので、逆算勉強法を実際どのように使うのかも、よりイメージしやすくなるはずです。

1 司法試験の短期合格を決意するまで

僕が初めに医学部に通いながら司法試験を目指すようになったのは、大学2年になった頃でした。

東京大学に入学すると、大学1〜2年の頃は、教養学部という文字通り「教養」を総合的に学ぶ学部にみんな属さなければなりません。そして、大学2年の後期に入る前に、進学振り分け（進振り）という制度があり、そこで専門学部を決めることとなっています。

その進学振り分けが近づいてきたので、（「社会人になったら遊べなくなるかもしれない。それなら時間がある今、後悔しないように死ぬほど遊ぼう」という明確な目的を持って）遊び呆けていた僕は、将来のことについてそろそろ考え始めなければと思い始めたのです。

248

そこで、せっかくなら自分にしかできないことをやりたいと考えて試行錯誤した結果、医者と弁護士の資格を持った医療弁護士になりたいと思うようになりました。

　医療ミスで泣き寝入りする患者さんは多く、また、今後は美容整形やレーシック手術などが増えるにつれて、医療過誤の増加も予想されます。医師と弁護士の知識を持っている人はほとんどいないうえ、そういった医療過誤で泣き寝入りせざるを得ない人たちを救いたいと思うようになったのです。

　……というのは後づけで、当初は「うーん、一生就く仕事なんだから楽しい方がいいよな～。あっ、いろいろと論理を振りかざして議論するのも好きだし、弁護士とか楽しそう！　ダブルライセンサーってカッコいいしお金も稼げそうだし、そして楽しそうなんだったら目指さない手はない！」くらいの気持ちでした。

　しかし、勉強していくうちに、困っている人を救いたいという気持ちが心の底から湧いてきました。大義名分を掲げているうちに、それが本心に昇華したのであればそれでよいと思う……というのは、Chapter 1 でお話しした通りです。

　さて、思い立ったが吉日で、そこから司法試験についての情報を集め、業界最大手と言われる予備校に入りました。

　独学でやると、どの参考書をやればいいか悩まなくてはならないうえ、参考書を決められたとしても、果たして手持ちの参考書さえやれば必要十分な知識が網羅できるのかなどといった不安に襲われやすいからです。この点は、予備校に入ったこと

● EXTRA CHAPTER ●
僕の司法試験合格体験記

249

で、網羅性があって体系的に学べる教科書を入手できたのはよかったと思います。

もっとも、医学部は6年制だったので、当初は司法試験の短期合格を目指すつもりはありませんでした。そのため、相変わらず毎日のように遊んだり、（ダンスサークルに入っていたので）文化祭で披露するダンスの練習に打ち込んだりしていました。

そんななか、11月頃に翌年の5月に予備試験を受ける友人と、某弁護士事務所にお邪魔する機会がありました。

当日、弁護士の方と友人たちで鍋を囲むことになりました。すると、その場で友人たちが、「次の予備試験、みんなで絶対受かろうな！」「先輩、予備試験受かったら連絡するのでぜひ雇ってください！」などという話題で盛り上がり始めました。

調子に乗りやすい僕も、周りに合わせて「俺も次の予備試験に受かるからよろしく！」などと発言したものでした。

当然、周りの人は「いや、現状、次の予備試験はなかなか厳しいんじゃ……」と思ったことでしょう。

しかし、その反応が僕に火をつけました。壁は高いほどよく、無理だと思われた方が燃えるタイプなのです。周りに無理だと思われようが、絶対成し遂げてやるんだと思う信念があればなんだってできると思っているからです。

以前僕はTwitterでこのようにツイートしたことがあります。

よく「今から勉強したら〇〇大学に受かりますか？」とか「勉強してこなかったんですけど司法試験に受かるのは無理ですかね？」とか聞かれるけど、仮に俺が"無理です"って言っても、その道に進みたいなら「絶対受かってやる。無理だなんて言わせとけ。」って頑張るんだよ。その努力は財産になるはず。

　これは、自分のそのときの思いも載せてツイートしたものでした。
　また、Chapter 1 でも述べましたが、僕の理想像は次のような人です。

「自分に自信のある人間だが、慢心することも、他人を見下すこともせずに、ひたむきに努力している。『自分はすごいんだぞ』という自信ではなく、『頑張ってやるぞ。だって自分は頑張りさえすればなんだってできるんだから』という自信が原動力になっている」

　僕はこの理想像に少しでも近づくために頑張っていたのかもしれません。

2 合格までの道のり

　さて、そうは言ったものの、道のりはかなり険しいものです。短期合格のためには、徹底的に効率を追い求めていかねばなりません。

● EXTRA CHAPTER ●
僕の司法試験合格体験記

まず逆算勉強法のステップ1の要領で、「目標を知って具体的なゴールを設定する」に着手しました。

　とりあえず予備校のテキストを見てみる→とにかく分厚い。量が半端ない……。
　次に予備試験の論文の問題を見てみる→問題文を読んでも全く見当がつかない。この問題から1科目70分の時間制限で答案という名の論文を一つ書き上げなければならない。そして予備校の講義数を見てみる。やっぱり多い……。

　ものすごい絶望感でした。
　しかし、やると決めたからにはやるしかありませんでした。

　そもそも予備試験とは、5月にある短答式試験（＝択一式試験）と、7月にある論文式試験と10月にある口述試験の3つのステップがあり、それぞれのステップをクリアしなければ次のステップに進めません。
　そして、その合格率はそれぞれ約20％、20％、90％です。つまり、最終的な合格率は $0.2 \times 0.2 \times 0.9 = 0.036$ で4％未満なのですが、そのなかで僕は「全受験者の上位20％しか受けられないのに、さらに5人に1人しか受からない」論文式試験が一番のヤマだということに着目しました。

　僕は、次の予備試験に受かるかどうかは、論文式試験に受かるかどうかにかかっていると判断しました。そこで、短答式試験は合格最低点ギリギリを狙い、とにかく論文対策をできる限

りすることで、論文の点数を可能なだけ取るというゴールを設定しました。

　すなわち、短答式試験をやり込んで短答式試験に受かってから、2カ月の論文対策で論文式試験に臨んでも論文式試験に受からないと思ったのです。

　次に、逆算勉強法のステップ2である「ゴールまでにやりたいことを決める」に着手しました。これについては、司法試験初心者の僕は優秀な人に聞……くべきでしたが、この手順を踏み損ねてしまいました。

　ここで言い訳させてください。当時の僕の考え方はこうでした。
「どうせ講義は800〜900時間もあってめちゃくちゃ多いし、いつ全部聞き終えられるのかわからない。予備校の講義（以下、すべて自宅でも視聴可能なビデオ講義です）は全部見るし、1周見終わったときの状況によってやることは変わってくるのだから、とりあえず少しでも早く全部見ちゃおう」
　これも筋は通っているのですが、それでもやはり、あらかじめ優秀な人に聞いておくべきでした。というのも、やるべきことの全体像が見えているかどうかが、その講義を受ける姿勢自体に影響してくるからです。
　その予備校の講義は「基礎編」と「論文対策編」に大きく分かれていたのですが、どういうところを意識しながら「基礎編」の学習をしていったらよいかなどを知っていたら効率は変わってきたはずです。

● EXTRA CHAPTER ●
僕の司法試験合格体験記

結局全講義を見終わったのは3月頃です。そのタイミングで、すでに予備試験に受かっていた優秀な友人にようやく教えを乞いました。

　いろいろ話を聞いているうちに、「自分はなんて試験のことをわかっていなかったのだろう」「あー、あの勉強法は非効率だったな」という後悔に襲われました。

　しかし、その後悔もまたPDCAサイクルの一環です。この後悔があったからこそ、逆算勉強法のクオリティはいっそう磨かれていきました。

　そんなこんなで、逆算勉強法のステップ3にあたる「やるべきことをスケジュールに落とし込む」は、「とにかく暇なときは、めちゃくちゃ講義を見る」となりました。

　医学部の勉強もしなければいけませんでしたが、そこは優先順位をつけて、医学部の勉強は単位を取る最小限度に抑えることにしました。試験のヤマを張ってくれた医学部の同期には感謝してもしきれません。

　そして、逆算勉強法のステップ4である「実践する」。これに関しては、「勉強の質」も大事ですが、やはり「勉強の量」は無視できません。正直言って、司法予備試験の論文試験が終わるまでが人生のなかで一番勉強したと言っても過言ではありませんでした。3月に入り、「講義をもうすぐ見終わるぞ」という頃には「今年の試験に落ちても全然後悔ないな〜。こんだけ頑張れるってわかっただけでも本当に意味のある半年だった」という悟りの境地に達していたほどでした。

254

さて、どのように勉強していったかについては、僕が2016年11月に司法予備試験が終わった解放感のなかで書いた合格体験記をここに載せますので、ご参照ください。

————————●————————

まず講座については紛れもなくコマ数が多い。これをいかに素早く見切るかが短期合格の一番の山場である。僕は2倍速で講義を見ていったのだが、1日で多いときには15コマなど消費した日もあった。

授業を聞きながら意識したのがとにかくたくさんメモを残すということである。たとえば先生が重要な箇所を何度も強調されることがあるのだが、その何度も強調しているのを聞きながらテキストの右の余白に要旨を自分なりにまとめてメモを残したりした。たとえテキストを読んだままの説明だったとしても、自分なりに一言（簡潔であればあるほどよい）でまとめたメモを残しておくだけで復習効率がとても上がったように感じた。

授業についていけなくなったらB＋（授業中につけてもらっていたメリハリづけ）以上のところ及びメモをパパッと復習して、再び授業に食らいつく。これをひたすら繰り返して基礎編の講義を、メモを残して手っ取り早く見切るのがよいと思う。

復習はとにかくB＋以上とメモをざっと目を通すのを繰り返すのがよいと思う。（おそらく）B（−）以下はもはや無視しても合否に差し支えない。それで合格に必要な知識の9割以上身につくはずである。

また、僕は実際にそれをしなかったが、基礎編を聞きながら復習する段階から論ナビ（テキスト名）の論証部分だけでも目を

通しておくと、論点が要約されていて主要な理由づけもメリハリがついてわかるので、より効率的でありよかったのかもしれないと思う。なにより、論文式試験では1つ自説さえ固めればいいのに最初は学説の対立などでこんがらがりがちなので、論ナビで自説だけでも理解を深めておくことを勧めたい。

　短期合格で壁になってくるのは時間不足による知識の詰め込み不足と、なんといっても論文試験を越えることである。そのためには、論文対策を少しでも早くから手をつけて、そして重要な知識を選別していく必要がある。メリハリづけは非常に重要である（特に民法と会社法で強く感じた）。そこで基礎編を見きって軽く復習してなんとなくだけでも理解できたら早急に論文対策編を見ていいと思う。

　論文対策編では実際に手を動かしてみないといけないと先生に言われるが、それは答練だけで十分で、5分くらい問題を悩んで答えを見てすぐ解説を聞いて考え方の道筋のメモをたくさん残す。これを繰り返して、少しでも早く論文対策編も見切る（そうして2月の終わり頃に配信に追いついた）。そこから先は、ひたすら論ナビの論証と論文の問題を何周もして、考え方をひたすら叩き込んだ。

　短答式試験の対策について少し詳しく説明すると、3月までに論文で使うような知識をある程度沁みつかせることができたら、あとは基礎編のテキストを一分野サッと読んでその部分の過去問を解くことを繰り返すといい。この短答試験をどの程度対策するべきかは、自分が一般教養においてどの程度とれるかによって変わってくるので、早めに自分は一般教養で何点取れるかを把握しておいた方がいい。

そして、最大の山場である論文試験に備えて、論文試験の勉強も兼ねることのできる、刑法、刑事訴訟法及び民事訴訟法の実務的なところ、民法総論あたりを重点的にやるなどをするのがいい（個人的には割と一般教養がとれる方だったので、上記の一部と過去問2年分ほど解いて本番に臨んだ）。もちろん、油断してここで落ちてしまっては元も子もないので、過去問を解いてみて合格点をとる程度には対策をしなければいけないのは言うまでもないが。短期合格を目指すのでないならばしっかり過去問を積極的に使って全範囲対策すると安心であろう。

そして、逆算勉強法の最後のステップ5は、「進み具合を定期的に確認する」でした。

講義を見終わったあと、友人や、その友人が紹介してくれた優秀な先輩方から話を聞いて、「こういう風に復習していこう」「他にこういう参考書を見ておかないとな」といったことを確認しました。そして、勉強を進めていっては、「本番までに間に合わなそうだからこの参考書は削ろう」などと、スケジューリングを調整し続けていました。

あるときは友人に「この参考書全部やるのは間に合わないから、やった方がいい問題を10問だけピックアップしてほしい」と頼み込みました。結果、ピックアップしてもらった問題が的中しました。本当に合格は僕1人の力で成し遂げられたものではなかったと思います。そして、「いついかなるときも謙虚に、素直に先人のアドバイスを聞く」ということは本当に大切

● EXTRA CHAPTER ●
僕の司法試験合格体験記

257

なのだということをあらためて感じました。

　このステップを踏むなかで、「どうすればより効率よく勉強できるか」について自問自答し続け、PDCAサイクルを回し続けました。本書で語られた勉強方法は、この過程でどんどん洗練されていきました。

　みなさんも、ぜひ勉強していくなかで、僕が紹介した勉強法を出発点として、自分に合った「最高の勉強法」を確立していってください。

3 | 僕が勧める司法試験予備試験対策法

　最後に、司法予備試験に向けてどのように勉強していくのがよいのかについて、個人的な提言を述べていこうと思います（司法試験の勉強は、予備試験の勉強に加え、過去問と答練を通して長い問題文に慣れていけばよいでしょう）。

　もっとも、初めに断っておかなければならないことがあります。それは、僕は最大手の予備校に通っていたことから、一から独学で学ぶ場合に、どの参考書でどのように学んでいけばよいのかについてはわからないということです。

　そのため、今回は某大手予備校に通っている場合の勉強法であることに留意してください。もっとも、他の予備校に通っている、または独学の方は、使っている参考書や勉強の順序などは参考にしていただけるかと思います。

そして1つ申し上げておきたいのが、僕は自分が通っていた予備校をひいきするわけではありません。人によっては、必ずしも予備校に通うことが最良とは限らないと思っています。ですので、色々な人に話を聞いて、どの予備校に通うのか、もしくはどこにも通わないのかを決めていただけたらと思います。

最後に、この勉強はあくまで「僕が最も効率的だと判断した勉強法」に過ぎず、かなり物議を醸す箇所もあると思います。もしどうしても納得がいかないところがありましたら、容赦なく無視してください。

1. 論文対策の基本的な流れ

初めに論文対策の基本的な流れを説明していきます。まずは、基礎編のテキストを通して「なんとなく全体像を摑み」、重要論点をひと通り自説のみさらっていきます。

次に、問題研究(旧司法試験の問題を扱う問題集)で基本論点のパターン化と答案の書き方を学びます(答案を書く必要はなくて答案構成のみで十分です)。その際、論ナビで論証を"理解"して"判例の規範"を押さえていきましょう。そのパターン化がある程度すんだら、難しめの演習書で思考方法を学んでいきます。

というのも、旧司法試験は基本論点の論証をいかに切り貼りしていけるかの勝負であることが多いのですが、予備試験の問題は基本論点から絶妙に事情が改変されている事案が出題され

るため、必要な能力が異なってくるのです。なので、なるべく早く旧司法試験の問題を使って基本論点の使いどころをパターン化して、思考力を問う予備型の問題でじっくり頭を悩ませていくのがよいです。

また、実際に答案を書くのは直前答練のみでよく、逆にその答練は必須です。しっかりと時間配分を意識しながら演習を積むのがよいでしょう。

2. 憲法

基本的に目的手段審査と主張反論型の書き方さえ押さえれば「合格という目的に照らすと」、勉強はあと回しで大丈夫です（なお、主張反論型については今後廃止される可能性が高いです）。
過去問を早いうちに確認して、A答案を見ながら検討するとよいでしょう。"問題研究すら"目的手段審査を押さえられさえすればやらなくていいと思います。とにかく問題文に与えられている事実をすべて適切に拾って評価してあげられるかが勝負です。

3. 民法

民法は分量が多いうえ、予備試験の問題自体も難しめなので、比較的あと回しで大丈夫です。他の科目をある程度仕上げた方

がコスパの観点ではよいのです。また、それは民事実務科目で
要件事実をある程度勉強した方が、民法の論文学習がスムーズ
にいくという意味もあります。

　民法の論文対策をするときは、問題研究に載っている問題の
質が比較的高い（旧司法試験のなかでも思考力を問う問題が多い）
ため、そこで民法的思考を確認するのがよいでしょう。

4. 刑法

　刑法に関しては得意な人が多いため、相対的に沈まないため
に勉強しておいた方がよいです。問題研究でのパターン化を済
ませたあとは、『刑法事例演習教材』（有斐閣）で思考力を鍛え
ていくとよいでしょう。かなりよい演習書で、この本を終わら
せればどんな事例に対しても既視感を持てるようになるので、
ぜひやり込んでみてください（なお、本当はやるべき問題番号を
指定したいのですが、ヤマが外れた場合に責任が取れないのと、著
者の方に失礼になってしまうので控えさせてください。以下に紹介
する参考書についても同様です）。

5. 刑事訴訟法

　刑事訴訟法は予備試験において、少なくとも今のところはそ
こまで難しい問題はでていません。そのため、論証、問題研究
をしっかり押さえておけばよいでしょう。

また、『事例演習刑事訴訟法』（有斐閣）も論点を深く理解するという観点で有用でした。もっとも、やや学術的で内容を理解するのが難しいところもあり、自分の理解が乏しそうなところをメリハリをつけて読む程度にとどめるのがよいでしょう。

6. 民事訴訟法

これは刑事訴訟法と同様です。論証、問題研究をしっかり押さえておけばよいでしょう。

なお、ここ数年は新司法試験の問題に寄せて出題されており、頭を使わせる問題も出題されるようになりました。しかし、制度趣旨をしっかり理解していれば、その趣旨からそれらしい規範を立てることで解けるはずです。逆に制度趣旨は完璧に理解しておきましょう。

7. 会社法

会社法は短答式試験で問われる知識の量と論文式試験で必要な知識の量の乖離が一番大きい科目です。そのため、とにかく論文で問われやすいところのみを重点的に復習するメリハリづけが重要となってくるでしょう。

まずは、問題研究でとにかくパターン化しましょう。その後は、『事例で考える会社法』（有斐閣）が大変よい参考書です。近年の学者の問題意識がよくわかります。何より予備試験にお

ける的中率が大変高いです。全部やるのは大変なので、先輩に
メリハリをつけてもらうとよいでしょう。

なお、手形・小切手法については、僕はほぼ捨てていました。
問題研究に載っている数問のみ押さえれば、最低限、差をつけ
られることはないでしょう。

8. 行政法

行政法については問題研究よりも過去問（処分性、原告適格、
訴えの利益、本案勝訴要件を扱っているものだけで十分）を見るの
がオススメです。また、各訴訟類型の訴訟要件と本案勝訴要件
は必ずまとめておきましょう。

参考書として『事例研究行政法』（日本評論社）はわかりやす
いうえ、使っている人が多いのでオススメです。第1部だけで
も答案構成をしながら読み進めていくとよいでしょう。

9. 実務

実務科目については最もコスパがよいため必ずAが取れるよ
うに勉強しましょう。また、民事実務を勉強すると民法の論文
と民事訴訟法の短答、刑事実務を勉強すると刑事訴訟法の短答
に強くなれます。そして、民事・刑事に共通して言えるのが、
過去問はある分だけ目を通しましょう。過去問を見て初めてイ
メージができるようになると思います。

①民事実務

どうやら司法修習の目標が『新問題研究要件事実』(法曹会)に書かれている"内容・考え方"をマスターすることだとされているようなので、論文試験で必要なことはこれで十分です。集中すれば3時間くらいで読めますし、実体法の理解があればかなり簡単に感じると思います。あとは、問題研究の後ろについている論証パターンが非常によいので、それを確認しつつ問題研究の問題を理解していきましょう。

手続きに関しては、民事訴訟法の勉強の延長線上にあります。すなわち、「二段の推定」など実務上重要なところを厚く勉強すればよいです。また、執行保全は問われる内容がごく限られているので、必ず確認しておきましょう。

あらためて、最終的には実際に過去問を見てみるのが一番よいです。たとえば、準備書面の書き方などは過去問を通して学ばないとどうしようもないですが、逆にわかればとても簡単なのです。

②刑事実務

まずは最近3年の過去問を見て事実認定(特に犯人性)の問題の問われ方を確認しましょう。初めて問題を見たときは、「こんなの法律じゃない」と度肝を抜かれると思います。

手続きについては民事実務同様、刑事訴訟法の参考書において実務上重要なところを厚く勉強すればよいです。

たとえば、公判前整理手続、証拠調べの異議、誘導尋問、保釈、勾留あたりの勉強は必須です。そのうえで過去問を見ていきま

しょう（おそらく平成 26 年の問題を見たら難しくて絶望すると思いますが、気にしなくてよいです）。

　参考書としては『刑事実務基礎の定石』（弘文堂）がオススメです。分量が多いので、流し読みしつつ、自分が必要なところだけをピックアップするとよいでしょう。

　どうかみなさんの夢が叶いますように!!!

おわりに

「はじめに」でもお伝えしたように、僕は、努力をしている人はとても美しいと思っています。平昌五輪では羽生結弦さん、宇野昌磨さんをはじめ、数々のドラマが生まれ、それを見ていた人々に感動を与えました。

それは、そのドラマの裏に見える膨大な努力の美しさを人々が感じたからだと思っています。

スポーツでも将棋でもジャンルを問わず、何かに熱中して努力を積み重ねている人を僕は心から尊敬しています。

その一方で、努力の世界はとても残酷です。

どんなに頑張っても、やり方が間違っていれば結果を出すことはできません。努力をする環境が整っていない人もたくさんいます。モチベーションや年齢、資金など様々な制約により、その努力を続けることすら困難なことがあります。

けれど、どんな状況にあっても努力してゴールへたどりつきたい。そういう方のために、「努力のやり方」はもっと知られていいだろうと考えて僕は筆を執りました。

努力をしている人は美しい。けれど、やり方がわからなかったり、間違った方法で勉強をしてしまったりして、**結果につながらず苦しんでいる人がたくさんいる。そんな状況が、僕にはどうしても許せなかった**のです。

本書を書くにあたって、僕がこれまで東大医学部受験から司

• おわりに •

267

法試験、そしてクイズまで様々な分野の勉強をした経験を詰め込みました。また、僕以上に分野を問わず多大な実績を残されている大先輩方から教えていただいた内容をベースに「根本的な考え方」を書きました。

　本書では、勉強へ特化した形でスケジュールの立て方やモチベーションアップの方法を執筆させていただきました。しかし、ここまで読んでくださった読者のみなさんはもうおわかりだと思いますが、こういった考え方は勉強以外にも活用できます。

　恋人がいつまでに欲しいか決めて１日ごとのスケジュールへ何をすべきか落とし込めれば、彼氏・彼女ができる確率はぐっと上がるでしょう。今まで楽しんでいた趣味を突き詰めたくなったら、それを突き詰めるために重要な「幹」を、得意な人に聞くとよいでしょう。本書の内容を抽出して組み合わせれば、勉強以外の様々な分野で努力したいときに応用できます。

　さて、大学受験をはじめとしたあらゆる試験は、その先に到達するための通過点でしかありません。むしろ、スタートでしかないのです。

　そして、試験を通過したあとはわかりやすいゴールは存在せず、自分自身の力で道を見つけ出し、進んでいかなければいけません。

「自分の人生で何をやりたいか？　何を楽しいと思うのか？」

　結局は楽しいことをやっているときが一番幸せなのです（しかも実は一番稼げる可能性が高いです）。

楽しいことが見つかったとき、たとえ勉強以外の道でも、この本にある考え方を活用していただければと思います。

　本書において、僕は決して勉強だけをするのがよいと言っているわけではありません。

　人生の歩み方は人それぞれです。友達と毎日遊び倒す学生生活もよし、スポーツに打ち込むもよし、企業でバリバリ働くもよし、気ままに世界を旅するもよし。

　ただ、どういう選択をするにせよ、僕は、すべての情報を吟味し尽くしたうえで選択するのがよいと思っています。後々になって、「そんなこと、知らなかった」といって後悔しかねないからです。

　僕は本書に、知る限りの「勉強することの意義・楽しさ」を詰め込みました。これらを踏まえたうえで、みなさんが「幸せな人生」を選択できるよう、心より願っています。

　最後に、もう一度問います。

「1000時間勉強して将来の年収が100万円上がる場合、勉強の時給は100万円×40年÷1000時間＝時給4万円になるよ。**なんでみんなそんなに勉強しないの？**」

● おわりに ●　　　　　269

謝辞

　少し前までの自分は、本を出せる日が来るなんて夢にも思っていませんでした。

　書籍化のオファーをいただき数々の要望にも対応してくださったKADOKAWAの黒田光穂様、素敵なカバーや写真をつくりあげてくださったプロの方々、そしてここまで支えて応援してくれた家族にこの場を借りて感謝申し上げます。

［Staff］
カバーデザイン：西垂水敦（krran）
本文デザイン：西垂水敦・太田斐子（krran）
DTP：フォレスト
校正：鷗来堂、文字工房燦光
構成協力：榎本康佑

〈カバー／総トビラ〉
撮影：西宮大策
スタイリング：岡村春輝
ヘアメイク：分山雅子（faccie）
撮影協力：松濤スタジオ

〈章トビラ〉
撮影：戸谷信博
撮影協力：PARK6 powered by bondolfi boncaffē

河野　玄斗（こうの　げんと）
1996年、神奈川県生まれ。私立聖光学院高等学校卒業後、2018年現在、東京大学医学部医学科5年生に在学中。4年在学中の2017年に司法試験に一発合格。第30回ジュノン・スーパーボーイ・コンテストベスト30入り。雑誌・テレビにも多数出演。本書が初の著書。

東大医学部在学中に司法試験も一発合格した僕のやっている　シンプルな勉強法

2018年8月25日　初版発行
2021年3月25日　10版発行

著者／河野　玄斗

発行者／青柳　昌行

発行／株式会社KADOKAWA
〒102-8177　東京都千代田区富士見2-13-3
電話　0570-002-301(ナビダイヤル)

印刷所／図書印刷株式会社

本書の無断複製（コピー、スキャン、デジタル化等）並びに
無断複製物の譲渡及び配信は、著作権法上での例外を除き禁じられています。
また、本書を代行業者などの第三者に依頼して複製する行為は、
たとえ個人や家庭内での利用であっても一切認められておりません。

●お問い合わせ
https://www.kadokawa.co.jp/（「お問い合わせ」へお進みください）
※内容によっては、お答えできない場合があります。
※サポートは日本国内のみとさせていただきます。
※Japanese text only

定価はカバーに表示してあります。

©Gento Kono 2018　Printed in Japan
ISBN 978-4-04-602305-6　C0095